新闻传播专业“十四五”规划教材

媒体创意与策划

第四版

陈 勤◎著

中国传媒大学出版社
·北京·

第四版修订说明

本书自2009年出版以来,广受好评,被众多高校选为相关课程教材。本书作者始终关注国内外新闻传播行业的发展变化及实践成果,结合不断沉淀和更新的教学经验,于2022年进行了修订。

第四版做了如下更新:一是新增第十二章“社交媒体的创意与策划”,梳理了当下社交媒体的类型,分析其特点和优劣势,从而总结社交媒体创意策划的要点,以适应当今媒体的发展现状,满足读者的阅读需求。二是为各章节配备PPT等数字资源。三是对各章节进行局部增删和润色,更改错误,使行文更加流畅,表述更加准确。

此次修订依旧难免存在疏漏,恳请读者批评指正,以使后续改进。

陈勤

2022年3月10日

目 录

Chapter 1

第一章 创意的原理与基本方法

通过本章的学习，你将掌握：

☑什么是创意

☑如何产生创意

☑个体与群体创意的基本方法

第一节 创意的原理

一、创意的概念

“创意”一词,从目前学界和业界的讨论来看,其中的含义实际上很不一致。以下几个英文单词常被翻译成“创意”。

(1)Ideas,这个词见于詹姆斯·韦伯·扬(James Webb Young)的广告名著《产生创意的方法》(*A Technique for Producing Ideas*)。Ideas 英文原意为“思想、意见、想象、观念”等。在我国,目前很多讨论创意方法的文章,都直接把这个词完全等同于创意。

(2)Creative,这个词常被直接翻译成“创意”。如“Creative strategy”一词常被译成“创意策略”。Creative 在英语中为形容词,原意为“有创造力的、创造性的、生产的、引起的”等。可见,Creative 被直接译成名词“创意”似乎也不恰当。

(3)Creativity,即“创造力”,有时也被译成“创意”。

(4)Originality,即利用创造性思维和头脑风暴产生的新意识。

目前,关于创意的最主要的理论依据是弗洛伊德的潜意识学说。这种学说认为,人的意识可分为两种,即可控制的显意识和不可控的潜意识。在不可控的潜意识世界中,非逻辑与混乱占统治地位,经常有一种破坏性的力量在肆虐,有时会跃入显意识世界,而让人显得失常。但是,潜意识的涌出,一旦被显意识的秩序所同化,就会丰富显意识世界,这就是创意。

创意是经过思考而产生的。思考的依据来源于两个方面的资料:一个是一般性资料,即创作人员个人必须具备的知识和智慧;另外一个是特殊性资料,即创作人员对对象的了解程度。如果用一个形象的公式来表示,那就是 Ideas = Person × (Knowledge + Information),即创意 = 人 × (知识 + 信息)。通常情况下,当创意者把一般性的资料与特殊性的资料融汇在一起进行系统分析和研究时,就能在研究过程中产生创意。

综上所述,我们可以这样描述“创意”的概念:创意是人们行为产生的思想、点子、立意、想象等新的思维成果,它是一种创造新事物或新形象的思维方式,创意就其本质来说是一种辩证思维能力。[①]

二、创意的形式

(一)创意的基本形式

1. 理论思维

理论思维指使理性认识系统化的思维方式。理论思维在策划过程中应用较多,如系统思维,其特点是不能以一时一地计得失,而应在全系统进行综合考虑,其核心在于先失后得。

案例:Facebook 的建立与六度空间理论的应用

社会学理论中有个理论是六度空间理论,该理论认为,一个人和任何一个陌生人之间所间隔的人不会超过六个,也就是说,最多通过五个中间人你就能够认识任何一个陌生人,其也称作小世界理论。

人是社会生物,很重要的一点就是关系的形成,然后组成共同的圈子,在这个圈子里找到位置。然而在现实社会里,圈层是固定的,利用六次跳转也很难跳出一个圈层去找到另一个兴趣相投之人。互联网却完全相反,它使得这个理论有了可操作性,扎克伯格利用这个理论发明了社交媒体 Facebook,人们通过它可以和朋友、同事、同学以及周围的人保持互动交流,还可以经过不同的跳转认识朋友,扩大社交圈子,寻找有共同兴趣的朋友。

2. 直观思维

直观思维指在生活中,外界事物在人们大脑中产生的感觉。它具有生动性、具体性、直接性的特点,是触发人们产生创意的基础。直观思维取决于观察力、想象力和记忆力。在创造活动中,人们往往通过观察思考,产生创造性直观思维。

案例:妞妞奶瓶的创意策划

新加坡四个中学生发明的妞妞奶瓶就是展现直观思维的好例子。给婴

---

① 陈初友,王国英. TOP 创意学经典教程[M]. 北京:北京出版社,1998:1-3.

儿喂奶,常常成为母亲特别是新加坡许多职业妇女的牵挂。于是新加坡四个中学生发明了形状、颜色、手感都同妈妈的乳房一样的妞妞奶瓶,这种奶瓶还可以挂在爸爸的脖子上给婴儿喂奶,婴儿还以为是睡在妈妈的怀里吸奶呢。这项发明由于形象与手感逼真,能稳定婴儿情绪,解决了新加坡三分之一职业女性的担心牵挂,因而受到政府的重奖。①

3. 联系思维

策划的过程充满了决策,而决策的依据对决策的正确性有着极其重要的影响。每一个策划者都必然选定一组或几组有关联的信息作为决策的依据。因此,一个精明的策划者应该掌握事物的联系、揭示事物的关联,具有联系思维的能力。

案例:种植苹果与民主制度

1764 年,14 岁的华盛顿在种植园一个石房子后面种了一棵苹果树,他父亲见后说:"你如果想明年吃到苹果,你就必须把它种到有阳光的地方,并且给它浇水。"转身离开时,这位父亲又多说了一句话:"如果你帮助它得到它想要的,你就能得到你想要的。"在 1787 年费城立宪大会上,这句话曾被华盛顿反复地引用。他在君主制盛行的 18 世纪,采取了三权分立的民主制,当了八年总统后,自己隐退了。从苹果树下父亲的话,联系到民主制度,从表面来看是关于种植苹果,实际上说的是一切事物相近、相关的联系,对个人的思维甚至国家的命运都有着何等重要的意义。②

4. 倾向思维

倾向思维也是一种基本的思维方式,即人们在思维过程中往往以一定的目的、倾向而进行思维活动。它一般指创意者通过接触到的某一事物,从一定倾向出发,找到成功之路。也有人将这种思维称为灵感思维。

案例:派克笔的起源

派克笔就是因为其创始人的多种倾向思维而形成的创意。1863 年,其创始人乔治·派克出生于美国威斯康星州的舒尔斯堡。从 1880 年起,派克在瓦伦丁学校工作。为了增加收入,派克成为一名中间商,主要替约翰·霍

① 杨志歧.精妙创意技巧[M].上海:上海文化出版社,2005:36-37.
② 杨志歧.精妙创意技巧[M].上海:上海文化出版社,2005:17-18.

兰的钢笔公司销售钢笔给他的学生。与当时的许多钢笔一样,这些笔总是有技术问题,包括漏墨水和供墨故障等。在接到许多同学的抱怨后,乔治·派克开始义务为学生修笔。他把每一支笔拆开,修理好后再还给学生。在这个过程中,派克形成了一个明确的想要制造"更好的笔"的理念,也开始为着这一目的展开一系列的思维活动。乔治·派克凭借其在机械方面的经验,最终设计并制造出了自己的钢笔——派克笔,并于1888年创立了派克公司。

5. 逆向思维

逆向思维要求创意者敢于逆流而上、标新立异,甚至要有意识地反其道而行之。被大家所关注的,必有戒备,很难突破;被大家所忽视的,乘虚而入,易如反掌。不论是兵战还是商战,把力量指向对方意料不到的地方,极有希望获胜。

案例:金利来的提价

1974年的香港,"大降价"的彩旗挂满街头,打折标签俯拾即是。被招引来的顾客却很少购买商品,市场很不景气。可是,开业不久、专营领带的金利来有限公司,在董事长曾宪梓的谋划下,竟反其道而行,提价出售领带。对此,同行们议论纷纷,都笑其不识时务。但是,曾宪梓却认为,领带的降价,只是受香港经济不景气的影响。由于香港人普遍穿西装、系领带,还很追求名牌,所以领带市场的需求仍然很大。此时采取"反向调价"的做法,不仅有市场,还会引人注目,有助于扬名创牌。结果,提价的金利来领带不仅销路大畅,还大大提升了金利来的品牌知名度。

6. 形象思维

形象思维就是创意者依据现实生活中的各种现象加以选择、分析、综合,然后进行艺术塑造的思维方式。形象思维的过程始终不能脱离具体形象,并包含着创意者的强烈情感。

案例:芭比娃娃的诞生

风靡全球、创造了玩具界神话的"芭比娃娃",便是形象思维创意的典型。芭比娃娃由露丝·汉德勒(Ruth Handler)发明,她的灵感最初源于她的女儿。一天,她突然看见女儿芭芭拉正在和一个小男孩玩剪纸娃娃,这些剪纸娃娃不是当时常见的那种婴儿宝宝,而是一个个少年,有各自的职业和身份,让女儿非常着迷。“为什么不做成熟一些的玩具娃娃呢?”露丝脑中迸发出了灵感。露丝苦苦思索自己的娃娃要做成什么样子,正好这时,她到欧洲出差,在德国她看到了一个叫“丽莉”的娃娃。丽莉娃娃十分漂亮,首制于1955年,是按照《西德时报比尔德》中一个著名卡通形象制作的。丽莉娃娃由硬塑料制成,高18~30厘米。她长长的头发扎成马尾拖至脑后,身穿华丽的衣裙。她的身材无可挑剔,各种体征应有尽有,但是穿着非常“暴露”,并不适合给孩子们玩。于是,露丝决定结合丽莉娃娃的优点,给孩子们一个长大的但不暴露的娃娃,小女孩不仅需要与自己年龄相仿的玩偶,更需要一个她长大后的理想形象。于是,“芭比”的样子在露丝的脑子里越来越成熟了。在公司技师和工程师的帮助下,芭比娃娃就这样诞生了!露丝又请了服装设计师夏洛特·约翰逊为芭比设计服装。1958年,他们获得了生产芭比的专利权。最后,露丝把自己的女儿芭芭拉的昵称“芭比”给了这个可爱的娃娃。市场证明露丝的判断是正确的,芭比娃娃受到了孩子们的热烈欢迎,越来越多的人开始来买这种清新可爱的玩具。尤其是小女孩,对此更是极为热衷,芭比娃娃第一年就卖出了35万个。①

7. 抽象思维

抽象思维与形象思维不同,它是用科学的抽象概念揭示事物的本质、表达认识现实的结果,它是人们在认识过程中,借助概念、判断、推理反映现实的过程。创意者要使自己的创意能力旺盛,就要多方寻求启发,越是从意想不到之处去挖掘,就越有可能突破框框,产生崭新的创意。

案例:哥伦布竖起鸡蛋

哥伦布使鸡蛋竖起来的小故事,就是一个利用抽象思维进行创意的典型。哥伦布发现新大陆后,许多人不服气,声称谁都可以发现。哥伦布没有反驳,不紧不慢地拿出一个鸡蛋说:“谁能把它立在桌子上?”不服气的人纷纷去试,却没有一个人成功。哥伦布拿起鸡蛋往桌子上轻轻一磕,鸡蛋稳稳地立在桌子上。他说:“就这么简单。”

---

① 郭丽. 芭比:璀璨50年[J]. 创意世界,2009(06):3.

（二）创意的特殊形式

1. 独树一帜

独树一帜要求创意者必须了解市场需求，善于以不同于他人的形象出现在市场上，以不同于他人的经营手段展开竞争。无论从事何种职业，都可以用独树一帜的方式去创意。

案例：雪佛兰克鲁兹与《11 度青春》

雪佛兰克鲁兹联手中影集团、优酷网推出新媒体系列电影《11 度青春》，就是一次独树一帜的营销创意策划。它并没有直接投拍广告，将雪佛兰汽车作为商品呈现在公众面前，也不像以往品牌赞助影视作品那样让雪佛兰汽车单纯地在影片中出现一下，而是为这款汽车量身打造了一系列电影，将其作为系列主题电影中的道具，通过电影剧情、人物身份将这款汽车所代表的理念、文化特性传递给受众，从而成功地塑造了产品的品牌形象。三家出品方将三个不同领域的元素放在一起做了一个成功的“加法”，创造了一种全新的联动营销模式。随着 11 部短片的播出，雪佛兰克鲁兹多次在短片中出现，有效地将品牌理念灌输给观众。①

2. 公关意识

公关作为创意的一种形式，就是要借助新闻媒体的力量，宣传企业及其产品，达到提升品牌的目的。应用公关进行创意，要保持与新闻界的良好合作和紧密联系。报纸、杂志、广播、电视等大众传媒传播信息快、覆盖面广，起着决定创意效果的关键作用。

案例：横店影视城的“借冕播誉”

横店的文化产业始自 20 世纪 90 年代。自 1996 年以来，横店集团累计投入 30 亿资金兴建广州街、香港街、明清宫苑、秦王宫、清明上河图、华夏文化园、明清民居博览城、梦幻谷、屏岩洞府、大智禅寺等 13 个跨越几千年历史时空、汇聚南北地域特色的影视拍摄基地和两座超大型的现代化摄影棚。目

---

① 徐瑞君. 草根视频获新媒体电影大奖“11 度青春”成 2010 热词[EB/OL].（2010-12-02）[2012-07-12]. http://www.cnhubei.com/news/gdxw/201012/tl547695.shtml.

前,横店影视城已成为全球规模最大的影视拍摄基地,中国唯一的“国家级影视产业实验区”,被美国《好莱坞》杂志称为“中国好莱坞”。

横店影视城建设初期,采用影视拍摄免费的营销方式来吸引众多电影、电视剧剧组前来拍摄。对多数制作经费有限的电影和电视剧剧组而言,免费无疑是最好的“午餐”。同时,这也促使越来越多的游客来到横店,横店影视城的品牌知名度和影响力由此不断扩大。

知名度打开后,越来越多的剧组选择了横店影视城。在拍摄期间,各种明星的新闻经常被爆出,一方面为明星保持话题热议度,一方面为新戏做宣传。在这个过程中,“横店影视城”不可避免地被多次提及,也从侧面免费宣传“横店”,达到“借冕播誉”的效果。①

3. 引人注目

引人注目是创意的另一种特殊形式,它充分利用人们对某些事物的关注,使人们在不知不觉中接受你的观点、想法。要具备一种事件思维能力,即做一件不寻常的事,以引起人们的关注,从而达到宣传、推销自己的目的。②

案例:“芙蓉姐姐”

在几年前,既没有任何预兆,也没有任何起因,一个被称为“芙蓉姐姐”的女子突然成为国内网络上炙手可热的人物。与此前网络上的几大红人不同,“芙蓉姐姐”的行为并没有多少道德上的出格之处,她赖以成名的招数非常简单,一是大量张贴自己的“经典S形”体态的业余照片,二是不断发表超级自恋的“经典语录”。仅凭这两条,“芙蓉姐姐”便成功抓住人们猎奇的心理,赚足了眼球。③

---

① 潘瑾,吴梦君. 横店影视城案例分析[J]. 现代商业,2013,(35):106.
② 陈初友,王国英. TOP创意学经典教程[M]. 北京:北京出版社,1998:8-17.
③ 蔡方华. 芙蓉姐姐走红,时代是不是缺失了什么[N]. 北京青年报,2005-6-22.

第二节 创意的基本方法

一、创意的基本方法

(一)个体创意常用方法

1. 联想类比法

联想类比法的核心是通过已知事物与未知事物之间的比较,从已知事物的属性去推测未知事物也有类似属性。简单地说,如果已知 A 具有 a、b、c 三种属性,B 具有 a、b 两种属性,那么就可推断 B 也可能具有 c 属性。但是,这种推断是否准确,仍需要实践的检验,这是类比推理与归纳演绎推理的主要不同之处。类比推理的这种不确定性,可以帮我们突破逻辑思维的局限,去寻找一个新的逻辑链的起点,这也是它的优势所在。

案例:"月球地产"的创意策划

颇有新意的"月球地产"项目,就是由长久以来一直在市场中占有重要地位的房地产行业,类比联想出在月球上进行地产买卖的创意。

20 世纪 80 年代,美国加州商人丹尼斯·霍普偶然间发现联合国 1967 年制定的《外层空间条约》有漏洞,丹尼斯·霍普向当地法院、美国、苏联和联合国分别递交了一份所有权声明,宣布丹尼斯·霍普为月球、太阳系除地球外的行星及其卫星的土地拥有者。如今,他创建的"月球大使馆"拥有 230 万名客户,这其中包括众多的好莱坞明星、美国前总统罗纳德·里根和吉米·卡特。

无独有偶,英国一对夫妻把这个创意推广到了宇宙空间。他们从行星的"所有者"——美国人丹尼斯·霍普那里获得授权,在地球上出售月球及其他星球的土地。这项生意非常红火,年利润 100 万英镑(约合人民币 1123 万元)。[1]

---

① 王裳. 英国夫妻出售月球土地年利润 100 万英镑[N]. 信息时报,2013-9-14.

联想类比法的关键在于联想。没有很强的联想能力,就无法在已知与未知之间架起桥梁,也就谈不上类比。所以,训练联想、想象能力是掌握这种方法的基础。

联想类比大致有以下几种类型:

(1)直接类比。这是一种最简单的在两种事物之间直接建立联系的类比。其中既可以从已知指向未知,也可以从未知指向已知。例如,鲁班从草的波形边缘可以割破手指这一已知事实,联想发明了锯子,即从已知指向未知。在现实生活中,先有问题再去已知中寻找答案,则是从未知指向已知的思考方法。

(2)拟人类比。把自己与问题对象进行类比。想象自己就是问题中的一个角色,于是自己所经历的过程,就可能与所要探求的过程有某种可比之处,就会有利于问题的解决。现在已经广泛应用的仿生设计,可以说就是这种拟人类比思考方法的典型产物。

(3)因果类比。是指已知事物的因果关系与未知事物的因果关系有某种类似之处,可从中寻求未知事物的思考方法。例如,由信天翁 4 米长的翼展可连续飞行数月,联想研制出了加长机翼就可以远距离飞行的 U-2 型飞机。

(4)结构类比。是指由未知事物与已知事物在结构上的某些相似,来推断未知事物也具有某种属性的方法。例如,通过无线电台即时向司机通告路况信息可以缓解交通拥堵,经过结构类比可联想到,在经济活动中建立一个即时有效的信息交流平台,起到即时通报供求信息的作用,可以尽可能地缓解市场商品或资金积压状况。最经典的事例就是阿里巴巴网站的成功。

(5)对称类比。物质世界里,有不少事物与其自身或与其他事物在时空或状态上存在着对称关系。因此,如果知道了已知事物的某种属性,就可以通过对称类比联想到与其对称的自身部分或他物也具有类似属性。例如,1924 年,德布罗意认为 19 世纪对光的研究只重视光的波动性,而忽视了光的粒子性。他运用对称类比的方法联想到,是否在研究实体上发生了对称的情况,即过分重视了实体的粒子性,而忽略了波动性。于是,他提出了微观粒子也具有波动性的假设。正是由于德布罗意的这一联想假设,才有了一门完整的描述微观粒子行为的学科——量子力学。

(6)综合类比。已知事物与未知事物内部各要素关系十分复杂.而两者又有可比的相似之处时,就可进行全面的综合类比。例如,通过对人脑处理信息的方式与电脑处理信息的方式进行全面的综合类比,研发出采用模糊逻辑的计算机运行方式。

2. 移植参合法

移植参合法即移植法,是指将某一领域的技术、方法、原理或构思移植到另一领域而产生新事物的方法。移植参合法是科技领域乃至整个人类思维领域中的一种嫁接现象。生物领域的嫁接或杂交可以产生新的物种,科技领域的移植、嫁接则可以产生新的科技成果。它之所以对个体创造特别有效,是因为这种方法不受逻辑思维的束缚。当把一种技术或原理从一个领域移植到另一个领域时,并不需要有多么确定的把握,往往是以行动结果作为分析的主体,这就为新事物的产生提供了多种途径,为非专业人员进行专业创新提供了可能性。

案例:"创意农业"的流行与启示

最近几年十分流行的"创意农业",就是一个利用移植参合的方法进行创意获得成功的例子。创意农业的类型有很多,其中德国的创意农业是较为典型、颇受欢迎的一种。德国的创意农业属于社会生活功能型的创意农业,主要形式是休闲农庄和市民农园。市民农园是将城市地区或近郊区的农地规划成小块出租给市民收取租金,承租市民可在农地上种植花草、蔬菜、果树等,享受耕种乐趣、体验田园生活。

创意农业将创意产业的原理、构思移植到农业中,为传统农业发展提供了一个新的方向,同时也满足了现代人对农业的新需求,因此一经推出,便受到了广泛的欢迎。①

移植参合法一般有以下几种类型:

(1)原理性移植。是指把科学原理或技术原理移植应用到某一新领域的方法。例如,反馈原理最早应用于电子线路,维纳等人把这一原理移植到生物、机械等领域,创立了一般系统的控制论。

(2)方法性移植。是指把某一领域的技术方法有意识地移植到另一领域而形成创造的方法。例如,20世纪60年代中期,美国数学家柴德把经典数学统计理论的研究方法移植到对模糊现象的研究中,创立了一门新的数学分支学科——模糊数学。

(3)功能性移植。是指把某一种技术所具有的独特功能以某种形式移植到另一领域。例如,超导技术具有强磁场、大电流、无热耗的独特功能,可以移植到许多领域,研制出高科技的新产品,如无功耗的超导计算机、悬浮列车、超导轮船、核磁共振扫描仪等。

(4)结构性移植。是指把某一领域的独特结构移植到另一领域而形成具有类似

① 于雪梅.德国慕尼黑郊区的创意农业[J].团结,2009(01):41-43.

结构的新事物。例如,蜂窝是一种用料少但强度高的结构,把这一结构移植到飞机制造上,就可以减轻飞机的重量而提高其强度;把这一结构移植到房屋建筑上,可以制造蜂窝砖,既减轻了墙体重量,又隔音保暖。

(5)会聚移植。是按照移植的方向特征划分,当遇到某一问题时,以这一问题为中心,从各个方面寻找解决该问题的方法、手段,而一开始并不能准确知道这些方法和手段是否可行、结果如何,还要运用已有的工具和技术知识加以理性判断。

(6)辐射移植。是按照移植的方向特征划分,与会聚移植的思维方向相反,即如果有了一项新技术原理或方法,而想把它应用到更多的领域时,应以待移植的技术原理或方法为中心,在其周围尽量多地寻找待移植的领域,再考虑待移植的技术是否可以移植到这些新领域。

3. 模仿创造法

模仿创造法的主要特点是通过模拟、仿制已知事物来创造新事物。如果被模仿的已知事物是某种生物,则称仿生法;如果只是模仿已知事物的形态,则称仿形法。当我们想要探求未知事物的构造、原理或功能时,可以通过对已知的类似的事物的模仿而获得答案。

案例:李维斯牛仔服的流行

李维斯(Lew's)牛仔服的创始人李维斯·施特劳斯,原本与哥哥一起经营布匹,后改做与布匹相关的服装生意。李维斯非常留意矿工们工作与生活的习惯与喜好,他注意到淘金矿工们的口袋经常装有金砂等坚硬粗糙的东西,容易破烂,有的人就拿旧帐篷的帆布做补丁。就是这个补丁触发了他的灵感,李维斯设计和缝制出连裤袋都是帆布做的牛仔裤。后来李维斯又推出牛仔衫,从此便专事帆布衣服的生产和销售,令平凡的帆布衣服变得有型有款、质朴耐穿,价钱又非常大众化。带领服装潮流的李维斯牛仔服模仿和突出的是西部牛仔的形象。牛仔是美国历史上的特色形象,有豪放不羁、爱好挑战、野性和自由奔放等特点。李维斯的牛仔服模仿和突出了牛仔的硬朗形象,又使女性的服装更加自由奔放,受到了广大顾客特别是年轻人的喜爱。李维斯品牌在美国大行其道后,又走向了世界,引领全球服装潮流。①

在创意中,模仿可以从以下几条途径着手:

① 杨志歧. 精妙创意技巧[M]. 上海:上海文化出版社,2005:98-99.

(1)原理性模仿。是按照已知事物的运行原理构建新事物运行机制的方法。例如,日本成功研制的 MOS(金属氧化半导体)晶体管,就是一种模仿人脑神经工作原理的创意成果。

(2)结构性模仿。是指从结构上模仿已知事物的结构特点。这种模仿方法较为普遍。例如,双层结构的公共汽车便是从双层居室的结构中获取的灵感。

(3)形态性模仿。是指对已知事物的形状和物态进行模仿而形成新事物的方法。例如,军人的迷彩服是对大自然色彩的模仿性创造,淋浴的喷头是对莲蓬头的模仿,影视作品中的拟音、布景等也都是形态性模仿。

(4)功能性模仿。是指从某一功能的要求出发模仿类似的已知事物。例如,从方便、小巧这一功能来说,既然有了傻瓜相机,由此及彼,就可以有同样全智能化操作功能的傻瓜汽车、傻瓜电脑等创意成果。

(5)综合性模仿。是一种全面、系统的模仿。最典型的例子就是美国建造的生物圈 2 号实验室——一个与地球环境相仿又独立于地球的生态系统。

(6)仿生性模仿。应用十分广泛,许多人造物都是仿生创意的结果,主要包括:①原理性仿生。比如能爬楼梯的小车,创意灵感来自人用双腿上楼梯。②技术性仿生。比如人造革、人造皮毛、人工心脏瓣膜等。③力学性仿生。最典型的就是仿人手活动的机械手。④控制性仿生。例如百叶窗的创意灵感就来自大部分动物能通过控制眼睑闭合程度来调整光通量以适应环境。⑤信息性仿生。比如"电子狗"、雷达等。⑥化学性仿生。化工生物技术基本上是建立在化学性仿生方法之上的。例如,人工合成的柠檬酸、乳酸、氨基酸等化工产品,就是效仿自然界微生物发酵过程的产物。

4. 组合创造法

组合创造法的最基本要求是各组成要素必须建立某种关系,形成一个系统整体。要实现组合创造,可以沿着两条途径进行:一是从某种功能目的出发,去寻找具有或接近具有这种功能的对象加以组合;二是在没有明确目的的情况下,对已有的一些事物随意加以组合,尝试会得到什么结果。若是组合后确有一定新意,则可称为一项创意。组合创造法的难点在于找到组合对象后如何有机地把它们组合起来,其中关键的因素就是创意者的知识和经验。比如正在迅速发展的 MOOC,即大型开放式网络课程,将优秀课程资源与互联网结合在一起,基于 Web2.0、移动互联等技术,在 PC 端和移动端同时上线,满足不同学习人群的需要。

对象事物的组合类型丰富,涵盖了人类生活的各个领域,以下是其大致分类:

(1)材料组合。如在航空航天领域颇有应用前景的复合材料,就是通过一种恰当的复合方法,把不同的材料组合在一起的具有综合性能的新材料。

(2)结构组合。如在生物工程技术中已经较为成熟的细胞融合技术就是典型的结构组合。

(3)功能组合。如各式各样的多功能产品,其中手机由以前的单一的通话功能发展为今天的集短信、上网、摄像、导航等功能于一身。

(4)方法组合。如为提高洗衣机的洗涤效率,将冲刷、揉搓、挤压等各种方法组合在一起。

(5)系统性组合。如几何学与代数学组合后的解析几何学;如 IPTV,即交互式网络电视,利用宽带网、互联网、多媒体、通信等技术,向家庭用户提供包括数字电视在内的多种交互式服务的新技术。

5. 重点转移法

重点转移法就是变换解决问题的重点途径的方法,体现了创造性思维的灵活性、变通性。问题的解决途径往往不是唯一的,这就为从不同途径解决问题提供了可能。

6. 逆向思维法

逆向思维法是一种对司空见惯、已成定论的事物反向思考的思维方法。这种反其道而行之的思维方法不一定总是可行的,但可以帮助我们及时摆脱思维过程中的困境,出奇制胜、夺取先机。

案例:电影《摩托日记》的成功

获得第 51 届戛纳国际电影节评审团奖、第 77 届奥斯卡金像奖的电影《摩托日记》便是逆向思维的一个杰作。

该片是一部关于"拉丁美洲独立运动之父"切·格瓦拉的电影。但和《勇敢的心》之类的英雄电影不同,它避开了切·格瓦拉那些众所周知的英雄事迹,甚至抛弃了他那个"革命者"的著名身份,将笔墨着重于切·格瓦拉的家庭生活,讲述其投身革命之前与好友一起骑摩托车环游拉丁美洲的故事。

这样的处理方式一方面很有新意,另一方面也很好地迎合了观众心理。将名人普通的一面展现出来,可以使观众在心理上产生亲切感。同时,展现名人普通的一面也向观众传递了这样的信息:名人在成名之前都是普通的,每个人都有成功的可能性。

(二)群体创意常用方法

1.奥斯本智力激励法

智力激励法又称头脑风暴法。奥斯本认为,在现实世界中存在两种人:一种人善于提出设想,另一种人则长于批评分析。若让两者正面交锋,难免产生矛盾,提出设想者会受到压制。若将两者分阶段利用,则有利于产生更多的创造设想,由此便产生了这种创意方法的核心——激励与合作。该方法的理论依据是弗洛伊德的潜意识学说,目的是帮助各种设想冲破潜意识的外壳而跃入显意识世界。智力激励法的实施基本分五个步骤:

(1)准备阶段。准备阶段的主要任务是"三落实",即组织、人员、任务三落实:①组织落实,是指与会者、主持人和记录员应在会议开始前确定下来,人数控制在5~10人。②人员落实,是指与会者的知识构成要合理,在资历、学识水平等方面大致相当,要全身心地投入智力激励会,不能做旁观者,不能有依赖或等待思想。③任务落实指除了明确主持人、记录员的任务之外,智力激励会的任务也应在会前明确,将需要解决的问题、希望考虑的方向提示给每位与会者;同时,通知开会的时间、地点、要求等。

(2)热身阶段。所谓热身,即效仿体育比赛前的准备活动,实则是静脑,目的是让与会者在正式开会前,静下心来,尽快进入角色,而不要考虑与会议无关的事情。这个阶段开始的时间由主持人掌握。

(3)明确问题阶段。明确问题阶段要求每一位与会者都要对会议所要解决的问题的范围、关键、背景和目标有明确的了解,为下一步的自由畅想做思想上的准备。这个阶段的关键是对问题的表述要明确,且不受时间限制。

(4)自由畅想阶段。自由畅想阶段是整个智力激励法的核心,也是创意性设想的阶段。自由畅想阶段历时数十分钟,可获得数十条至数百条创造性方案,记录员要一一记录。这一阶段要求每个与会者严格遵守"四条原则":自由畅想原则、延迟批判原则、结合改善原则、谋求数量原则。

(5)评价筛选阶段。智力激励会上的设想虽然很多,但并非都是正确的,需要进行评价筛选。评价可由专家完成,具体评价标准可由专家制定。如果方案的思路可行,但不太完善,可召集第二次智力激励会,也可由专家补充,直到具体实施没有困难为止。要重视那些确有突破性而又有悖于已知科学真理的方案,或价值重大却一时难以实现的创意方案。

2. 希望点列举法

每一个人都有美好的愿望,这是人的主观能动性的直接体现。如何把这些愿望变成现实,就需要创意。希望点列举法正是让每一个人充分展示自己美好希望的创意方法。它允许人们根据自己的理想或愿望,主动地对现有的产品、设备、材料、方案或管理制度等提出明确的要求,从而找到解决的途径或对策。这种方法可以一个人使用,也可以群体使用。群体使用时其效果会更好,因为在相互感染的情况下,人的理想或愿望会提升得更高。希望点列举会简便易行,实施步骤大致如下:

(1)准备工作阶段。确定与会者和讨论问题,及时通知与会者,与会者一般为5~10人。

(2)召开创意会议阶段。主持人应善于启发、引导大家踊跃提出自己的希望,运用创意思维,寻求问题的答案。

(3)评价筛选阶段。在希望点列举会上获得的方案,可组织专家进行筛选,并对可行性较强但尚不完善的希望点提出补充修改意见,再组织实施。①

二、创意的基本程序

(一)明确目标

1. 主题意识

创意工作大多数是在受委托的情况下开展的,创意者必须理解委托者的本意、要求,即创意的主题,把有限的时间、精力专注于主题,避免时间、精力的浪费。

2. 辩证求解

创意可以理解为以"实现目标"为一方,以"资源环境"为另一方,寻求连接二者捷径的思维工作过程。一方面要换位观察、打破思维定式的束缚,另一方面通过改变资源环境来实现目标,这是创意的特色所在。

3. 有限合理

有限合理就是在给定条件和约束限度内,适于达到给定目标的行为方式。具体来

① 陈初友,王国英. TOP 创意学经典教程[M]. 北京:北京出版社,1998:39-52.

讲，就是在掌握目的内部结构的基础上，注意以下三点：第一，在分析问题时，不能仅限于针对特定的问题探索解决办法，而要从整体结构出发寻求解决方案。第二，不能急于求成，有时短时间内难以明确问题主线，往往要在解决之中才逐步明确其关键所在。第三，要量力而行，先易后难，确定合适的工作范围，避免盲目行动。

（二）分析环境

1. 外部环境分析

首先，要明确来自外部环境的各种力量对创意实施的影响，然后在创意过程中充分考虑这些因素，并适当处理。其次，应紧跟环境的变化与发展，结合自身条件去适应环境，尽可能地利用环境中的有利条件，并施加影响，使其朝有利于自己的方向发展。外部环境一般包括以下四个方面：

（1）政治环境。是指党和政府制定的方针政策、法令法规，国内外的政治形势等外部环境。

（2）社会环境。是指人口、居民的收入或购买力，也包括受教育水平、消费习惯和风俗传统等外部环境。

（3）技术环境。是指与创意行业有关的科学技术水平和发展趋势，主要是新技术、新工艺、新材料的应用，这些对开发新产品、提高技术水平、决定创意的发展方向等具有重要作用。

（4）经济环境。包括宏观经济形势、世界经济形势、创意行业在经济发展中的地位等内容。

2. 内部环境分析

内部环境分析主要是指对创意行业内部的运营状况进行分析，找出其优势和劣势所在。内部环境一般包括以下三个方面：

（1）产品情况。包括产品的质量、规格、样式、价格和生产能力等。

（2）工作效率。目标创意行业员工在一定时间内为行业所创业绩的情况。

（3）其他因素。包括目标创意行业的技术水平、综合实力、人力资源等。

（三）开发信息

信息、材料与能源被称为现代经济发展的三大支柱。企业是社会经济活动的一种组织形式，因此创意工作也必然与社会有着密切的信息交流。

信息开发的水平决定创意的水平,而信息开发水平是由其工作过程中所采用的工具、方法所决定的。信息开发工具的现代化和分析推理的科学化是提高创意水平的基础,信息的收集与整理是创意过程中关键的一环,必须做到信息的完整、准确,才能形成正确可行的创意。从这个角度分析,创意就是信息科学开发的过程。

(四)产生创意

创意不仅仅是依靠创意者一时突发的"灵感",正如管理大师德鲁克所说的,"它是一种可以组织,并需要组织的系统性的工作"。因此,掌握创意产生的基本规律、遵循一定的工作原则是产生创意的前提。

1. 基本规律

创意是一种复杂、高级的思维活动,研究其中的内在规律,是产生有组织的创意的前提。创意产生的基本规律主要有以下四点:

(1)择优律。是指通过"择优选取"以实现创意意图的规律。

(2)相似律。是指对客观事物中存在的大量相似现象进行研究和运用,以实现创意意图的规律。通常情况下,找不到相似现象的创意是难以成功的。

(3)综合律。是指把管理系统的某些要素、方法等重新加以组合,以实现创意意图的规律。即先解构系统,再建构新的合适的系统。

(4)对应律。是指按照事物间存在的对立性、对称性去构思,以实现创意意图的规律。

2. 工作原则

在掌握创意思维规律的基础上,进行有组织的创意,必须结合创意的实际情况,制定行为规范,应遵循以下四条工作原则:

(1)博采众长。能者为师,以虚心学习的态度,汲取中外成功创意的经验与教训,集众人之长,补己之短。

(2)集思广益。一人技短,众人技长。有了好的创意,要广泛收集意见,才能有效及时地完善创意、付诸实施。

(3)重点明确。集中力量,因地制宜地解决创意中遇到的主要矛盾,才能取得事半功倍的效果。

(4)风险控制。大胆创意,慎重实施。每一个创意要经过反复的风险论证,不断修正，把实施的风险掌握在可控的范围内。①

三、创意报告的制作

经过创意以后，一般可以形成多种方案的构想。可在此基础上制定方案，主要包括编写创意报告和演示创意方案两部分。

（一）编写创意报告

创意报告是对创意形成后的概要方案加以充实、完善，用文字和图表进行简要表达的文件。创意报告主要包括以下几部分：

（1）名称。创意报告的名称必须简单明确、立意新颖、画龙点睛、具有吸引力，以7～9个字为佳。

（2）单位、人员。说明负责创意的单位和主要创意人员的概况。创意单位的声誉、实力以及创意人员的知名度是十分重要的。

（3）创意目标。创意目标要求使用突出创新性、确切性、规范化、数字化的专业术语表述。

（4）创意内容。这一部分是创意报告的重点，是创意者说明想法、理由、根据的部分，即进行创意的可行性分析，要求表述准确、有理有据。

（5）费用分析。列表说明创意计划实施所需的各项费用、收益，并对其进行可行性分析。

（6）参考资料。列出创意报告的主要参考文献。

（7）注意事项。说明创意实施所要注意的事项，包括免责条款、条件约束等。使管理人员能对方案实施中的各种偏差及时进行纠正，避免损失。

（二）演示创意方案

创意报告完成后，通常要向委托人演示、汇报，并动员有关部门积极参与。演示创意方案时，要注意四个方面的问题：

（1）背景环境。要选择适当的时间、地点进行演示和解说。

（2）道具选择。选择有效表达创意的工具，例如图表、幻灯片、短片等。

---

① 陈初友，王国英. TOP创意学经典教程[M]. 北京：北京出版社，1998：39-52.

(3)演示人员选择。选择善于演讲、应变的人员协助解说和演示创意方案。

(4)备选方案。制定备用应变方案,以应对以上各项设计发生临时的变动,至少包括两套不重复的备选方案。

(5)实施总结。这是创意的最后一环,当创意报告通过以后,就进入实施阶段。实施过程中应时刻注意方案执行状况,以保证及时纠正偏差。实施结束后要进行总结:方案是否取得预期效果,成功的原因有哪些,失败的因素有哪些等。①

四、创意效果的测定

(一)创意效果测定的一般方法

1. 直接测定

直接测定是指测定者根据调查目标对象所收集到的第一手资料,对创意活动进行测定,主要方法有访问法、观察法、实验法和统计法等。

2. 间接测定

间接测定是指测定者根据原始调查资料对创意效果进行分析与测定。

直接测定与间接测定大都利用统计分析技术对检测结果进行综合分析与检测。除此之外,还可采用现代数学方法与计算机软件技术对创意效果进行科学快捷的定性与定量的综合分析,得到精确权威的测定结果。

(二)创意效果测定的具体方法

1. 创意经济效果的测定

创意的经济效果是创意活动的最佳效果体现,它集中反映创意对创意行业的经济作用。因此,创意经济效果的测定是衡量创意活动的中心环节。创意的经济效果,除了可进行定性研究之外,更多的是利用某些指标进行定量分析。整个创意活动过程的测定包括事前、事中、事后三部分。

(1)创意经济效果的事前测定。主要以目标性原则为基础,对各种数据资料进行分析研究,从而预测创意对创意行业的经济作用,评价其经济可行性。评价的方法主

---

① 陈初友,王国英. TOP 创意学经典教程[M]. 北京:北京出版社,1998:52-53.

要有:①发动全体成员收集各种资料。②和同行业进行类比,得出各种数据,进行分析研究。③凭经验判断,利用有经验的管理人员进行分析与评价,前提是评价人员具有丰富的经验与精确的判断能力。

(2)创意经济效果的事中测定。以定性分析为主,主要目的是以创意计划作为评价的标准,检测创意的执行是否与计划步调一致,其预期效果是否已达到。当出现偏差时,应及时加以纠正,创意才能顺利实施。

(3)创意经济效果的事后测定。以定量分析为主,主要目的是检测创意的效果是否已经达到预期的目标,并进行总结、积累经验,以供下次创意时参考。其关键是对创意实施后经济环境的变化进行评价,例如成本费用率等。

2. 创意社会效果的测定

创意的社会效果是指创意实施以后,对社会环境(包括法律规范、伦理道德、文化艺术、自然环境)的影响。创意的社会效果测定一般采取定性与定量相结合进行分析,从而得出对创意效果的评价。一个创意的经济效果再显著,如果缺乏社会效果,也算不上完美成功的创意。[①]

本章小结

有这样一则寓言:上帝为人间制造了一个死结,称为“高尔丁”死结,并许有承诺:谁能解开奇异的“高尔丁”死结,谁就将成为亚洲王。所有试图解开这个死结的人都失败了,最后轮到亚历山大,他说:“我要创建我自己的解法规则。”他抽出宝剑,一剑将“高尔丁”死结劈为两半。于是,他就成为亚洲王。

这个寓言深入浅出地道出了“创意”二字的真谛。也许,创意本身就是个死结,没有人能把它解开,它也没有一个确定的解释和定义。但可以肯定的是,创意绝不是一般意义上的模仿、重复、循规蹈矩、似曾相识,大多数人都能想到的,绝不是好的创意,实际上根本就谈不上是创意。“物以稀为贵”,好的创意必须是新奇的、惊人的、震撼的、实效的。死结就意味着根本无法解开,既然上帝跟我们开了个玩笑,那么,就必须采取超乎寻常的手段。亚历山大给了我们一个很好的启示,今天的创意人是否也应思

① 陈初友,王国英. TOP 创意学经典教程[M]. 北京:北京出版社,1998:144-146.

考:他用剑劈,我们为什么不能用火烧呢?

创意是人们行为产生的思想、点子、立意、想象等新的思维成果,它是一种创造新事物或新形象的思维方式,创意就其本质来说是一种辩证思维能力。

本章阐述了创意的基本形式与特殊形式、个体创意和群体创意的基本方法与步骤,但真正的创意却不是那么简单的,更不可能有什么速成的方法。在实际操作中,一定要牢牢把握创意的重点——创意者要发现如何向自己下功夫。因为创意不是取自于外面,而是取自于里面。创意是一种连接,只有把不同的概念、事物连接在一起,才能创造新的概念和事物。这样说来,创意实际上存在于我们生活的每一个细节中。

思考题

1. 什么是创意?
2. 创意的基本形式与特殊形式是什么?
3. 个体创意的常用方法有哪些?
4. 群体创意的常用方法有哪些?

参考阅读

1. 贺寿昌. 创意学概论[M]. 上海:上海人民出版社,2006.
2. 大前研一. 创意的构想[M]. 庄娜,译. 北京:中信出版社,2007.
3. 陈放,武力. 创意学[M]. 北京:金城出版社,2007.
4. 李程骅,等. 创意与传媒[M]. 上海:复旦大学出版社,2007.

Chapter 2

第二章
策划的原理与基本方法

通过本章的学习，你将掌握：

☑什么是策划

☑现代策划的理论依据

☑策划的原则与基本方法

☑怎样策划

第一节 策划的原理

一、策划的概念

策划一词,最早出现在《后汉书·隗嚣传》:“是以功名终申,策画复得。”其中“画”与“划”相通互代,“策画”即“策划”,意为计划、打算。策指计谋,划指设计。

目前,关于策划的概念,尚未形成统一的认识,可以归纳成下面几种类型:

(一)事前设计说

事前设计说的基本观点是:策划是策划者为实现特定的目标,在行动之前为所要实施的行动做出设计。美国学者威廉·H. 纽曼(William H. Newman)认为:策划就是在事前决定做什么事情,计划是经过设计后的妥善行动路线。所以策划是非常广泛的人类行为形态。韩国学者权宁赞认为:策划是为达成目标寻找最适当的手段,对未来采取的行动做决定的准备过程。马修·E. 迪莫克(Marshall E. Dimock)认为:策划使将来的问题与预期的结果联结在一起,为有效地掌握将来的问题而展望未来,寻找合理对策;策划避免了由于盲目行动导致前后决定不连贯的结果。迪莫克依据这个定义,按照策划的各种方式及其要素,将策划分为国际策划、国家经济策划、区域策划、都市策划、资源策划、行政策划、作业策划等。

(二)管理行为说

管理行为说的基本观点是:策划与管理是密不可分的整体,策划是管理的内容之一,是一种有效的管理方法。学者哈罗德·D. 史密斯(Harold D. Smith)认为:策划与管理属于一体,策划与管理相分离时,就无效率可言。策划应付诸实施,如无法实施,策划就仅仅是一种意图而不是行动。有的西方学者认为:策划在本质上是较好的决定手段,是行动的先决条件。策划包括确定某团体或事业的目标,以及达成目标的最佳手段。由于政策、组织及社会环境的随机变动性,策划必须具备持续性与活动性。策划要准备编拟有效的运行程序,确认实施过程中的监督程序。一句话,策划就是管理。

(三)选择决定说

选择决定说的基本观点是:策划是一种决定,是在多个计划、方案中寻找最佳的,是在选择中做出的决定。美国学者哈罗德·库恩兹(Harold Koontz)和塞瑞耳·O.多恩德(Cyril O. Donned)认为:策划是管理者从各种方案中,选择目标、政策、程序及事业计划的机能。因此策划决定行动路线,是思维的过程,是决定行动路线的意识,是以目标、事实及缜密思考为判断基础做出的决定。

(四)思维程序说

思维程序说的基本观点是:策划是人们的一种思维活动,是人类通过思考而设定目标及为达到目标而进行的最基本、最自然的思维活动。学者赫伯特·A.史密斯(Herbert A. Smith)等人认为:策划是对将来的一种构想,是对此种构思方案予以评价,及达成方案过程的各种相关活动,是策划者对未来影响其机制的方案的一种理性思维程序。日本策划大师星野匡认为:所有的策划或多或少都有所谓虚构的东西,从虚构出发去创造事实,加上正当理由,而且要正大光明地去做,这就是策划。

(五)其他说法

日本企划师高桥宪行在阐述策划概念时说:所谓策划,就是为达成目的,组合一些因素并付诸实施的计划,是效率、智慧综合的结晶。美国哈佛企业管理丛书编纂委员会对策划所下的定义综合了策划各方面的特征,是比较全面的一种看法。他们认为:策划是一种程序。在本质上是一种运用脑力的理性行为。基本上所有的策划都是关于未来的事物的,也就是说,策划是预先决定做什么、何时做、如何做、谁来做。策划如同一座桥,它连着我们目前之地与未来我们要经过之处……策划的步骤是以假定目标为起点,然后制定策略、政策,以及详细的内部作业计划,以求目标之达成,最后还包括成效之评估及回馈,而后返回起点,开始策划的第二次循环。策划是一种连续不断的循环……要策划再筹划,以求计划之确定可行。

美国学者苏姗认为:策划就是人们事先的筹谋、计划、设计的社会活动,即在综合运用各方面信息的基础上,思维主体(包括个体思维或群体思维)运用自身的知识和能力,遵循一定的程序并利用现代的科学方法手段,为了特定的目标的实现而事先进行系统、全面的思考、运筹从而制定和选择具有合理性的、现实可行性的能够达到最佳成效的实施方案,并根据目标的要求和环境的改变对方案进行调整的一种创造性、思维性的活动过程。

苏姗对策划的这种理解,包含以下几层含义:第一,策划是以一定的策划对象为立足点,为一定的策划目标服务的。第二,信息是策划的素材,必须全方面地占有各类信息为策划所用。第三,策划是前瞻性、创造性、现实可行性的统一。第四,策划必须以现代的科学方法论为基础。第五,成功的策划必须是事半功倍的,以追求最佳成效为目标。第六,策划包括制定方案、选择方案和调整方案,策划是一个持续的过程,要根据条件的改变随时调整。①

根据上述理解,本书对策划给出如下定义:策划是指人们为了达成某种特定的目标,借助一定的科学方法和艺术手段,为决策、计划而构思、设计、制作实现目标方案的过程。

二、策划的分类

(一)根据策划的活动主体

(1)群体策划。群体策划又可具体分为关于国际组织的策划,如联合国的维和行动等;关于国际间的策划,如中美建交的策划等;关于国家大型活动的策划,如 2022 年北京冬季奥运会的策划等;关于团体活动的策划,如政党组织、协会活动、学术活动的策划等;关于地方政府重要活动的策划,如厦门市政府主办的“对台贸洽会”的策划等;关于企业集团的策划,如华为集团的发展战略的策划等。

(2)个体策划。个体策划也可进行具体分类,如个人成长的自我设计、明星的包装策划等。

(二)根据策划的活动区域

(1)全球性的策划;(2)某一国际区域的策划;(3)国家区域内的策划;(4)地区内的策划;(5)社区内的策划等。

(三)根据策划的功能

(1)发展战略的策划,如企业发展战略的策划、军队发展战略的策划;(2)竞争战

① 苏姗.现代策划学[M].北京:中共中央党校出版社,2002:2-5.

略的策划,如市场竞争战略的策划;(3)对抗战略的策划,如军事对抗战略的策划;(4)扩展战略的策划,如跨国集团拓展市场的战略策划;(5)转移方式的策划,如企业经营中心转移的策划等。

(四)根据策划涉及的行业

(1)旅游策划;(2)体育策划;(3)新闻策划;(4)教育策划;(5)科技策划;(6)文艺策划;(7)商业策划;(8)影视策划;(9)书刊发行策划等。

(五)根据策划涉及的宏观学科方向

(1)经济策划;(2)文化策划;(3)政治策划与军事策划;(4)企业形象策划。①

第二节　现代策划的理论依据

从根本上说,现代策划就是一种策略、筹划、谋划或者计划、打算,它是个人、企业、组织机构,在专业策划机构或职业策划人的协助下,为了达到一定的目的,在充分调查相关环境的基础上,遵循一定的方法或者规则对未来即将发生的事情,进行系统、周密、科学的预测并制定科学的、具有可行性的应对方案,同时在发展中不断地调整以适应环境的变化,从而制定切合实际情况的科学方案的整个过程。现代策划的主要理论依据有以下十八个:

一、马斯洛需求理论

这是美国心理学家亚伯拉罕·H. 马斯洛(Abraham H. Maslow)于1943年首创的一种理论,马斯洛认为人是为满足需求而生存的,需求是有层次的。他把人的需求划分成五个层次:

(1)生理需求。这是个人生存的基本需求,如衣食住行等。如果这些需求得不到满足,个人的生理机能就无法正常运转。

(2)安全需求。这是人类保障自身安全、摆脱事业和丧失财产威胁、避免职业病

---

① 策划学[EB/OL].[2016-03-02]. http://baike.baidu.com/link? url=FteEzcugWEoB9cTol8LybmKdZJKXByGXbdHs3Yxwnpn3Q_MoTB_FCdY2O8xgljszWQrVzdVOgJpK4jxjn0jPNa.

的侵袭等方面的需求。马斯洛认为,整个有机体是一个追求安全的机制,人的感受器官、效应器官、智能和其他能量主要是寻求安全的工具,甚至可以把科学和人生观都看成是满足安全需求的一部分。

(3)感情需求。一是友爱的需求,即人人都需要伙伴之间、同事之间的关系融洽或保持友谊和忠诚;人人都希望得到爱情,希望爱别人,也渴望接受别人的爱。二是归属的需求,即人都有一种归属于一个群体的感情,希望成为群体中的一员,并相互关心和照顾。

(4)尊重的需求。人人都希望自己有稳定的社会地位,要求个人的能力和成就得到社会的承认。尊重的需求又可分为内部尊重和外部尊重。内部尊重是指一个人希望在不同情境中有实力、能胜任、充满信心、能独立自主。外部尊重是指一个人希望有地位、有威信,受到别人的尊重、信赖和高度评价。

(5)自我实现的需求。这是最高层次的需求,它是指实现个人理想、抱负,发挥个人的能力到最大限度,完成与自己的能力相称的一切事情的需求。自我实现的需求是在努力实现自己的潜力,使自己越来越成为自己所期望的人物。

策划特别是媒体策划,从本质上说就是媒体营销。心理学是营销学的基础,马斯洛需求理论有助于开展营销工作。

二、二八法则

1897 年,意大利经济学者维弗雷多 · 帕累托(Vilfredo Pareto)注意到 19 世纪英国人的财富和收益模式。社会上 20% 的人占有 80% 的社会财富,财富在人口中的分配是不平衡的。同时,生活中也存在许多不平衡的现象。因此,二八定律成为这种不平等关系的简称。

帕累托指出,在任何特定群体中,重要的因子通常只占少数,而不重要的因子占多数,因此只要能控制具有重要性的少数因子即能控制全局。这个原理经过多年的演化,成为当今管理学界熟知的二八法则:80% 的公司利润来自 20% 的重要客户,其余 20% 的利润来自 80% 的普通客户。

三、长尾理论

长尾理论由《连线》杂志主编克里斯 · 安德森(Chris Anderson)于 2004 年提出,用来描述亚马逊之类网站的商业和经济模式。长尾理论的基本原理是:只要存储和流通的渠道足够广,需求不旺或销量不佳的产品所共同占据的市场份额,可以和那些少数热销产品所占据的市场份额相匹敌甚至更大,即众多小市场可汇聚成与主流大市场相匹敌的市场能量。也就是说,企业的销售量不在于传统需求曲线上那个代表畅销商品的头部,而在于那条代表冷门商品经常为人遗忘的长尾。

长尾理论要想发挥效果,必须具备足够的存储和流通的渠道,并且市场维护成本要尽可能小。长尾理论的获利者都是互联网企业,传统市场中"二八定律"依旧盛行。长尾理论中的"长尾"实际上是"二八法则"中原先不受重视的那 80% 的非关键市场和低收益客户。

四、马太效应理论

马太效应由美国科学史研究者罗伯特・K. 莫顿(Robert K. Merton)于 1968 年提出,其基本原理是:任何个体、群体或地区,一旦在某一方面(如金钱、名誉、地位等)获得成功和进步,就会产生一种积累优势,就会有更多的机会取得更大的成功和进步。它的名字来自圣经《新约・马太福音》中的一则寓言。此术语后为经济学界所借用,反映贫者愈贫、富者愈富、强者恒强、弱者恒弱、赢家通吃的现象。

五、木桶理论

木桶理论又称短板定律,其核心内容是:一个木桶盛水的多少,并不取决于桶壁上最长的那块木板,而恰恰取决于桶壁上最短的那块木板。

木桶理论还有两个推论:其一,只有桶壁上的所有木板都足够高,木桶才能盛满水。其二,只要这个木桶里有一块木板高度不够,木桶里的水就不可能是满的。

构成组织的各个部分往往是优劣不齐的,而劣势部分往往决定整个组织的水平。因为最短的木板对最长的木板起着限制和制约作用,影响整个团队的综合实力。也就是说,要想方设法让短木板达到长木板的高度,或者让所有的木板维持足够高的相等高度,才能完全发挥团队作用,充分体现团队精神。

六、定位理论

定位理论由美国营销专家艾・里斯(Al Ries)与杰克・特劳拉(Jack Trout)于 20 世纪 70 年代早期提出,其基本原理是:针对潜在顾客的心理采取行动,将产品在潜在顾客的心目中确定一个适当的位置。因此,定位是对顾客的头脑进行争夺的理论,其目的是在潜在顾客的心目中占据有利的地位。随着市场营销理论的发展,人们对市场定位理论有了更深的认识。菲利普·科特勒(Philip Kotler)对市场定位的定义是:对公司的产品进行设计,从而使其能在目标顾客心目中占有一个独特的、有价值的位置的行动。市场定位的实质是使本企业和其他企业严格区分开来,并且使顾客明显地感觉和认知到这种差别,从而在顾客心目中留下特殊的印象。

七、USP 理论

USP 理论由美国人罗瑟·瑞夫斯(Rosser Reeves)于 20 世纪 50 年代提出,主张向消费者提出一个"独特的销售主张"(Unique Selling Proposition)。USP 理论包括三个方面:一是利益承诺,强调产品有哪些具体的特殊功效和能给消费者提供哪些实际利益;二是独特,这是竞争对手无法提出或没有提出的;三是强而有力,要做到集中,具有足够的力量吸引消费者。

八、SWOT 分析法

SWOT 分析法又称态势分析法,由美国人海因茨·韦里克(Heinz Weihrich)于 20 世纪 80 年代初提出,是一种比较客观准确地分析研究对象现实情况的方法。SWOT 四个英文字母分别代表:优势(Strength)、劣势(Weakness)、机会(Opportunity)、威胁(Threat)。

SWOT 可以分为两部分:第一部分为 SW,主要用以分析内部条件;第二部分为 OT,主要用以分析外部条件。SWOT 分析就是将与研究对象密切相关的各种主要内部优势、劣势和外部的机会、威胁等,通过调查列举出来,并依照矩阵形式排列,然后用系统分析的思想,把各种因素相互匹配起来加以分析,从中得出一系列相应的结论,而结论通常带有一定的决策性。

九、5W2H 法

5W2H 法又称七何分析法,第二次世界大战中由美国陆军兵器修理部首创。发明者用五个以 W 开头的英语单词和两个以 H 开头的英语单词进行设问,发现解决问题的线索,进行设计构思。

(1)Why:为何——为什么要如此做?

(2)What:何事——做什么?准备什么?

(3)Where:何处——在何处着手进行最好?

(4)When:何时——什么时候开始?什么时候完成?

(5)Who:何人——谁去做?

(6)How:如何——如何做?

(7)How much:何价——成本如何?达到怎样的效果?

5W2H 包含了从战略(Who、Why)到策略(What、When、Where)直至战术(How)的完整运作系统,再加上预算(How much),构成了一个完整的运作方案。

十、麦克尔·波特竞争理论

这一理论由美国哈佛商学院教授麦克尔·E. 波特(Michael E. Porter)于 1980 年提出,其主要内容是:一个企业要在市场竞争中取得优胜地位,有成本领先战略、差异化战略和专一化战略三种战略可供选择。成本领先战略要求建立高效、成规模的生产设施,在经验的基础上全力以赴降低成本,抓紧成本与管理费用的控制,最大限度地减少研究开发、服务、推销、广告等方面的成本费用。差异化战略是将产品或公司提供的服务差别化,形成全产业范围内具有独特性的东西。专一化战略是主攻某个特殊的顾客群、某产品线的一个细分区段或某一地区市场。

十一、大卫·奥格威品牌形象理论

这一理论由大卫·奥格威(David Ogilvy)于 20 世纪 60 年代提出,其基本要点是:

(1)为塑造品牌服务是广告最主要的目标。广告就是力求使品牌具有并维持一个高知名度的品牌形象。

(2)任何一个广告都是对品牌的长期投资。从长远的观点来看,广告必须尽力维护品牌形象,片面追求短期效益并不可取。

(3)随着同类产品差异性减小、品牌之间的同质性增大,消费者选择品牌时所运用的理性在减少,因此,描绘品牌的形象要比强调产品的具体功能特征重要得多。形象传播比内容传播重要,要讲故事、图形化、诉诸感情。

(4)消费者购买时所追求的是“实质利益 + 心理利益”,对某些消费群来说,广告尤其应该重视运用形象来满足其心理需求。

十二、果子效应

果子效应是一种路径依赖。对于消费者而言,品牌是一种经验。在物质生活日益丰富的今天,同类产品种类繁多,消费者不可能逐一了解,只有凭借自身或别人的经验加以选择。因为消费者相信,如果在一棵果树上摘下的一颗果子是甜的,那么这棵树上其余的果子也都会是甜的。这就是品牌的"果子效应","果子效应"能保证企业在开发新产品、介入新的领域后,利用原品牌影响力继续统领市场。

十三、羊群效应

羊群效应又称从众效应,用以描述经济个体的从众跟风心理。一个羊群(集体)是一个很散乱的组织,平时在一起盲目地左冲右撞。如果一只羊发现了一片肥沃的绿草地,后来的羊群就会一哄而上,争抢那里的青草,全然不顾旁边虎视眈眈的狼,或者看不到其他地方还有更好的青草。羊群效应描述了个人的观念或行为由于真实的或想象的群体的影响或压力,而向与多数人相一致的方向变化的现象。表现为对特定的或临时的情境中的优势观念和行为方式的采纳,对长期性的占优势地位的观念和行为方式的接受(顺应风俗习惯)。经济学中的羊群效应是指市场上存在那些没有形成自己的预期或没有获得一手信息的投资者,他们将根据其他投资者的行为来改变自己的行为。

十四、4C 理论

这一理论由美国营销专家 R. F. 劳特朋(R. F. Lauterborn)于 1990 年提出。它以消费者需求为导向,重新设定了市场营销组合的四个基本要素。4C 是指消费者的需求与欲望(Consumer needs and wants)、消费者愿意付出的成本(Cost)、消费者购买商品的便利(Convenience)和沟通(Communication)。它强调企业应首先追求顾客满意;其次是努力降低顾客的购买成本;然后要充分注意顾客购买过程中的便利性,而不是从企业的角度来决定销售渠道策略;最后还应以消费者为中心实施有效的营销沟通。

十五、4P 理论

这一理论由美国营销学学者杰瑞·麦卡锡(Jerry McCarthy)于 20 世纪 60 年代提

出。4P 理论包括以下四个方面：

(1)产品(Product)。从市场营销的角度来看，产品是指能够提供给市场被人们使用和消费，并满足人们某种需要的任何东西，包括有形产品、服务、人员、组织、观念或它们的组合。

(2)价格(Price)。是指顾客购买产品时的价格，包括折扣、支付期限等。

(3)渠道(Place)。是指在商品从生产企业流转到消费者手上的全过程中所经历的各个环节。

(4)促销(Promotion)。是指公司或机构用以向目标消费者通报自己的产品、服务、形象和理念，说服和提醒他们信任、支持和注意公司产品和机构的任何沟通形式。

十六、蓝海战略

这一理论由 W. 钱·金(W. Chan Kim)和勒妮·莫博涅(Renee Mauborgne)提出。蓝海战略认为，聚焦于红海等于接受了商战的限制性因素，即在有限的土地上求胜，却否认了商业世界开创新市场的可能。运用蓝海战略，视线将超越竞争对手移向买方需求，跨越现有竞争边界，将不同市场的买方价值元素筛选并重新排序，从给定结构下的定位选择向改变市场结构本身转变。

价值创新是蓝海战略的基石。价值创新挑战了基于竞争的传统教条即价值和成本的权衡取舍关系，让企业将创新与效用、价格与成本整合为一体，不是比照现有产业最佳实践去赶超对手，而是改变产业框架重新设定游戏规则；不是瞄准现有市场的高端或低端顾客，而是面向潜在需求的买方大众；不是一味细分市场满足顾客偏好，而是合并细分市场整合需求。蓝海战略的六个原则是：重建市场边界，注重全局而非数字，超越现有需求，遵循合理的战略顺序，克服关键组织障碍，将战略执行建成战略的一部分。

十七、魏斯曼营销战略

这一理论认为，明确核心竞争力的特征，有利于辨识企业内部的核心竞争力，从而为核心竞争力的培育与提升奠定基础。这一理论包括四个方面：

(1)领导者战略。公司的相关产品在市场中占有最大的市场份额，它通常在价格变化、新产品引进创新、分销覆盖和促销强度方面，对其他公司起引导作用。

(2)挑战者战略。在行业中占据第二、第三和以后的位置，它可以攻击市场领先者和其他竞争者,以夺取更多的市场份额,提升自己,有可能取代领导者的地位。

(3)市场追随者战略。它们在市场上采取跟随领导者的策略,在产品、名称、宣传等方面都和领导者极为相似,利用领导者的资源分割市场。

(4)利基者战略。只注重小块市场,并把它做深做透,投入较少的资源,获取较大的利润,成为小块市场的领先者,避免与大公司竞争。

十八、CI 系统

CI 是英文 Corporate Identity 的简称,意为企业形象识别或品牌形象识别。CI 又称作 CIS,是英文 Corporate Identity System 的简称,意为企业识别系统。CI 是指企业有意识、有计划地向公众展示自己的企业或品牌,使公众对企业或品牌形成标准化、差异化、美观化的印象和认识,从而提升企业的经济效益和社会效益。CI 一般分为三个方面:

(1)理念识别(Mind Identity,MI)。是企业在长期生产经营过程中所形成的企业共同认可和遵守的价值准则和文化观念,以及由企业价值准则和文化观念决定的企业经营方向、经营思想和经营战略目标。

(2)行为识别(Behavior Identity,BI)。是企业理念的行为表现,包括在理念指导下的企业员工对内和对外的各种行为,以及企业的各种生产经营行为。

(3)视觉识别(Visual Identity,VI)。是企业理念的视觉化,通过企业形象广告、标识、商标、品牌、产品包装、企业内部环境布局和厂容厂貌等向大众表现、传达企业理念。CI 的核心目的是通过企业行为识别和企业视觉识别传达企业理念,树立企业形象。

第三节　策划的原则与基本方法

一、策划的原则

(一)创意创新原则

策划活动的关键是以创意求得创新,创新以创意为前提。通过创意获得理想的活动效果才是真正的创新,否则,就可能只是翻新或更新。创意也要有实际的效果,否则，停留在思想层面的创意也只能是创造想象中的空中楼阁。创意和创新思维有各种各样的表现形式，如发散思维，侧重思维的多向度；如逆向思维，侧重思维的反常规的方向。

案例：杰夫·贝佐斯和他创办的亚马逊网站

1994 年，在一次上网时，贝佐斯偶然进入一个网站，看到了一个数字——2300%，互联网使用人数每年以这个速度在增长。当时西雅图的微软已经逐渐壮大了，贝佐斯看到这个数字后，眼里放光，希望自己能像微软一样，在 IT 行业取得成功，做网络浪尖上的弄潮儿。

贝佐斯列出了 20 多种商品，然后逐项淘汰，精简为图书和音乐制品，最后他选定了先卖图书。图书特别适于在网上展示，而且美国作为出版大国，图书有 130 万种之多，而音乐制品仅有 20 万～30 万种；图书发行业市场空间较大，这个行业年销售额为 2600 亿美元，但拥有 1000 余家分店的美国最大连锁书店、也是全球第一大书店的年销售额也仅占 12%。几周后，他就拒绝丰厚的待遇，踏上了创业之路。贝佐斯通知搬家公司说，一旦在科罗拉多州、俄勒冈州或华盛顿州这三处选定地方后即刻联系他们，便匆匆上路西行。他让妻子负责开车，自己则用一台笔记本电脑匆匆起草一份商业计划，又迫不及待地用移动电话联络筹集启动资金。

1995 年，贝佐斯从纽约搬到西雅图。他之所以选定西雅图，是因为这里有现成的技术人才，而且离大型渠道分销商 Ingram 图书部门的俄勒冈仓库十分接近。贝佐斯用 30 万美元的启动资金，在西雅图郊区租来的车库中，创建了全美第一家网络零售公司 Amazon. com（亚马逊公司）。贝佐斯用全世界最大的一条河流来命名自己的公司，是希望它能成为图书公司中名副其实的“亚马逊”。①

（二）客观现实原则

策划活动追求目的性与规律性的统一，即人们制定的目标、规划必须符合客观的发展规律才能实现。所以，策划的一个重要原则就是符合客观规律，即符合现实。策

① 最大网上书店亚马逊创办者杰夫·贝佐斯[EB/OL]. [2016-03-02]. http://news.91.com/it/1501/21789888.html.

划的客观现实原则强调策划活动必须符合自然规律和社会规律,符合历史潮流,符合人民大众的利益。策划一定要从活动主体的现实条件出发,根据主体所拥有的实物、所具有的财力、所能利用的资源,以及所有可信的信息来源等,制定符合实际的可行方案。

(三)目标主导原则

人的一切活动都是有目的的,明确的目的称为目标。策划活动也指向一定的目标,任何策划都具有目的性,都是为了实现特定的目标。坚持目标主导原则,要注意处理以下矛盾关系:(1)眼前利益与长远利益的矛盾:策划要重视长远利益,为保证长远利益有时需要牺牲眼前利益。(2)总体目标与具体目标的矛盾:始终不能放弃总体目标,但可根据具体情况随时调整具体目标。

(四)系统规划原则

策划活动是一个系统工程,其系统性和规划性十分重要。其重点是主体不应孤立存在,应注重在统一的组织和秩序中发现各组织部分的相互作用并加以利用,发挥整体效能。系统规划原则汲取系统论的基本观点,把策划作为一个系统工程,强调策划的有机性、组织性、有序性和反馈特征等,从而使策划有序地实现,达到理想的效果。

(五)随机制宜原则

策划活动离不开系统性,而系统又是稳中有变、灵活随机的,这种灵活反馈的机制在策划学中被称为随机制宜原则,它强调的是策划活动因时、因地、因人而进行或改进。在策划中要处理好机遇与规律的关系,既要充分发挥人的主观能动性,又要顺应客观发展规律。策划所讲的随机不是随意遐想,不能异想天开,也不能投机取巧;所讲的制宜,不仅仅是适宜,而是不能被动消极、按部就班地等待。

案例:宝马中国的微信朋友圈推广

"广告,也可以是生活中的一部分。"2015 年 1 月 21 日,微信团队悄无声息地发了一条推广信息,开始测试朋友圈的广告功能。1 月 25 日,来自宝马中国、VIVO、可口可乐三个品牌的首批微信朋友圈广告上线,迅即成为当晚朋友圈热议焦点。微信朋友圈广告采用了 Feed 信息流广告,与平常能够看到的朋友圈原创形式相似,由文字、图片信息共同构成,用户可以点赞或者评论，看到朋友们给出的评论，形成互动。宝马中国正是顺应了时下规律，随机应变，才抓住了机遇的稻草，取得了很好的营销效果。①

（六）协同创优原则

协同创优原则是协同学在策划领域的应用。协同学是德国斯图加特大学理论物理学家哈肯教授于1973年创立的一门新兴的横断学科，它研究自然、社会等各个不同系统在一定的外部条件下，系统内部各子系统之间通过非线性的互相作用产生协同效应，这种效应表现为从无序状态向有序状态转化，又从有序状态向混沌状态转化的机理。

策划的关键在于整合各种资源，使之通过协同合作为双方或多方带来优化的结果。协同的各方既存在竞争又存在互利，真正的协同不是掩盖竞争、回避竞争，而是超越竞争。策划的目的在于找到这样的协同机制，创造良性的竞争，从而将双方的竞争引向更大的竞争系统，并转化为联合对外的合力。中国古代历史上也有许多协同事例，如战国时期的合纵连横、三国时期的孙刘联盟等。②

（七）简单易行原则

策划方案应简单易行。冗长繁杂的策划方案使执行者难以实施，或在实施过程中付出过高的代价和成本。策划要尽量做到环节、工序少，人员、职责分工明确，简便易行，不劳功费时，不耗费巨资。同时，策划内容的文字表达要通俗，不可过于深奥玄妙，否则容易使执行者误解，导致产生更大的麻烦、付出更高的代价。

二、策划的基本方法

（一）系统分析策划法

系统分析策划法是把将要研究的目标策划问题当作一个统一的整体，并把这个整体分解为若干子系统，在揭示影响子系统的环境、社会、经济、文化等各项因素及相互

① 微信朋友圈：广告，它还是来了！［EB/OL］.［2016-03-02］. http://www. chinaz. com/manage/2015/0226/385969. shtml.

② 策划学［EB/OL］.［2016-03-02］. http://baike. baidu. com/link? url = FteEzcugWEoB9cTol8LybmKdZJKXByGXbdHs3Yxwnpn3Q_MoTB_FCdY2O8xgljszWQrVzdVOgJpK4jxjn0jPNa.

关系并对获取的信息进行综合整理、分析、判断和加工的基础上,选择最优方案的策划分析方法。系统分析策划法的主要特征就是从整体的角度揭示系统各局部可产生的影响和相互关系,从而找出系统整体的运动规律,并分析达到目的的途径。

案例:奥运商机的连续策划

2008 年的北京奥运会既是"人文奥运、绿色奥运",同时也是"政治奥运、经济奥运",国家投入超过 3000 亿元。如果策划得好,产出几万亿元都是有可能的,反之有可能连 3000 亿元效益也达不到。为此,《奥运商机大策划》一书提出,应该把奥运商机按时间段分解,划分成申奥、迎奥、建奥——前奥运经济,办奥——中奥运经济,送奥——后奥运经济,才有可能将奥运经济蛋糕做大。像策划吃住行游购娱一条龙的旅游项目,只有进行连续策划,才能长出奥运经济大树来。①

运用系统分析策划法研究和解决策划问题,通常按如下步骤进行:

1. 确定策划目标

从系统整体的要求出发,提出需要解决的中心问题,确定策划活动必须达到的目标与希望达到的目标。确定的目标一般应满足四个条件:唯一性、具体性、标准性和综合性。目标的唯一性是指对目标含义的理解必须是确定的,对目标的表述要尽可能采用定量的数字语言,避免采用定性的自然语言。目标的具体性是指策划各项措施要具体,可以通过目标结构分层来实现,即理清上一级总目标与下一级分目标之间的层次体系和各层次的范围,通过层层分析构成一个完整的分层目标结构体系,制定落实各级目标的具体措施。目标的标准性是指为目标制定标准,以便了解目标实现的程度。目标的综合性,主要针对多目标的选择而言。

2. 系统综合,拟订方案

根据既定的策划目标,综合制定可以实现目标的各种方案。拟订策划方案一般应遵循两个基本原则:一是提供两个以上的备选方案。二是在存在多种方案的情况下,坚持各方案相互排斥的原则。

3. 系统分析,评价方案

通过数学分析、运筹学分析、模型分析等方法,对提出的各种备选方案进行比较和

---

① 陈放. 营销策划学[M]. 北京:蓝天出版社,2005:140.

评价,以找出各种方案的优缺点。评价策划方案常用的方法有:

(1)经验判断方法。如淘汰法、排队法、归类法等,适用于策划目标多、方案多、变量多、标准不一的情况。

(2)数量化方法。是用数学、运筹学等方法对可供选择的多个方案进行定量的分析和测算,提出数据结果,供策划者加以权衡和选择。

(3)模拟方法。是通过设立模型来揭示原型的性质、特点和功能,通过结构或功能的模拟,寻找最佳方案或对已经产生的方案加以修订、调整。

4. 系统选择,优选方案

通过上面的综合分析、比较和计算,从诸多备选方案中选择最优方案。根据系统局部效益与整体效益相结合、多级优化和满意性等原则,策划人员应该向策划委托部门提出书面策划报告,由策划者根据报告中提出的若干方案或建议权衡利弊,决定最终方案,同时由实施部门开始组织实施。

5. 跟踪实施,调整方案

策划是预测性的活动,因此实施部门在实施方案时一般还要求策划人员协助,继续跟踪方案执行情况,以便及时发现问题,修改或补充原方案,使方案的实施结果能始终朝着策划的目标前进,最终实现策划目标。

(二)综合分析策划法

综合分析策划法是策划主体全面完整地认识策划的目标客体的各种关系、各个方面,从而把握策划客体的策划方法。要真正地认识事物,就必须把握、研究它的一切方面、一切中介、一切条件。

1. 把握一切方面的策划法

任何策划客体都由实体和属性两大方面构成,而实体又由多种要素构成,属性也由多种特性构成,因而一个策划客体就是多方面的要素特征、关系的集合体。要真正地认识策划客体,就必须在将其分解为各方面关系的基础上,进行关系综合,从而完整地掌握它。这种策划法要求避免用客体某个方面的关系代替全部关系,防止用对客体的局部认识代替整体认识。

案例:万宝路进军中国市场

万宝路进军中国市场是综合分析策划法的一个很好的例子。随着美国电影、电视进入中国,中国人越来越多地接触到美国的流行服饰及文化,而万宝路正是美国的文化符号之一。此外,万宝路通过冠名足球扩大其知名度。正是运用把握一切方面的策划法,万宝路迅速在中国流行开来,顺利打开了中国的市场。

2. 把握一切中介的策划法

把握一切方面实际上是把握策划客体诸方面的直接联系,但是现实中策划客体的诸方面不仅有直接联系,而且有间接联系,同时该客体与其他客体也存在间接联系。认识这种间接联系也是认识客体的重要方面,而这种间接联系是通过中介来实现的。所以把握了中介,就扩大了客体联系的范围,对客体的认识就更加完整、准确。由于客体的一切差异都在中间阶段融合,一切对立都经过中间环节互相过渡,中介成为事物关系网上的关节点。把握客体中介有两种途径:一是把握客体之间的联系环节,二是把握客体转化的中间环节。

3. 把握一切条件的策划法

任何客体的存在和发展都受到一定条件的制约。条件所表明的是客体与影响它存在和发展的其他客体的关系。所以,只有把握策划客体的一切条件,才能正确认识其存在和发展的环境,才能准确认识策划客体、进行科学有效的策划。在进行策划时要充分认识条件,要尽可能把握一切条件,把策划实践的目标、计划、措施建立在对条件综合分析的基础上。把握策划客体的一切条件,应当注意以下几点:

(1)要与策划主体的策划目的联系起来把握条件。与客体相关的事物很多,但是只有一部分是条件。要把与策划客体的存在和发展的特定方面有关的那些事物作为条件来考察,而对其影响很小的事物可以不作为条件来考察,这样才有利于我们按照策划目标的需要把握事物的条件。

(2)要从策划客体内外两个方面把握条件。条件不只是客体之外的诸要素的总和,还包括客体内部的诸要素,也就是说既要考察外在条件,也要考察内在条件,以利于全面考察客体存在和发展的条件。

(3)要全面而具体地把握条件。策划客体存在和发展的条件是多种多样的,有基本条件与非基本条件、主要条件与次要条件、有利条件与不利条件、主观条件与客观条件等。不仅要全面地把握这些条件,而且要具体分析多种条件在条件总和中的地位和作用,以及各条件之间的关系,从而把握关键条件。

总之,综合分析策划法是以把握一切方面、把握一切中介和把握一切条件为内容的。为了达到对客体综合分析的目的,往往要综合使用这三种策划。

(三)逻辑分析策划法

逻辑分析策划法是把策划客体的发展进程在思维中以逻辑的形式表现出来,从而制定策划方案的方法。用这种方法考察策划客体,就是从对象的、纯粹的、概括的状态,考察策划客体发展的必然性,在提示其内部逻辑的基础上再现其发展。逻辑分析策划法具有两个特征:

1. 典型性

逻辑分析策划法可以摆脱策划客体发展的自然线索,对最能体现策划客体发展的本质和规律的阶段进行研究,也就是对事物成熟的和典型的发展阶段进行研究。

2. 抽象概括性

逻辑分析策划法是以抽象的、理论基础前后一致的形式对策划客体的发展进行概括研究,事物的发展是曲折的,它的必然性是由无数偶然性组成的,它的本质常常为纷繁的现象所掩盖。逻辑分析策划法就是从纯粹的、抽象理论的形态来揭示策划对象的本质,通过概念、判断、推理等思维形式完成策划。

(四)排除策划法

排除策划法由美国学者阿诺思·特维斯基提出,是将众多的备选条件、备选方案按一定顺序排列起来,通过寻找各个条件、方案存在的缺点并将其排除序列外,来选择最优方案的策划方法。这是一种在决策方案之间进行选择的方法,它将 N 种方案进行排序,先排最坏,选次优的,田忌赛马就是很好的范例。

从规范决策理论的观点看,这种排除理论的主要缺陷在于,它并不能确保被选中的方案事实上真正优越于那些被排除掉的方案。所以,在使用排除策划法时要注意以下几点:

1. 按照一定的层次、顺序排列

要将各个备选条件、方案按照一定的层次、顺序排列。满足不同层次策划目标的条件和方案要在相应的层次条件上进行比较和排除,不能越级、越层比较。

2. 确定科学的排除标准

缺点与优点总是相对的,在一定条件下是缺点的东西,在另一条件下可能是优点。

所以要合理地分析各个方案所要求的各方面条件和可能产生的所有后果,用科学的标准将不合适的排除出去。

3. 排除的目的是更好地创新

凡是被排除出去的,肯定是其本身存在这样或那样的缺点或问题。排除不是最终的目的,排除是为了避免问题,防患于未然。对各个条件、方案的缺点和不足的考察,可使我们在策划的过程中避免相关问题的产生,对这些问题的克服、发展和完善,可使方案达到创新。①

三、策划的基本程序

(一)设定问题与目标

策划是一种目的性很强的活动。任何一个策划案都是针对组织的某个问题或是某个特定的目标的,因此策划的第一个必要程序就是设定问题与目标。清楚而准确地设定目标,是整个策划活动解决问题、取得预期效果的必要前提,也是评价策划案、评估实施结果的基本依据。

在实际策划中,有些目标是很明确的,例如调查策划的目标多为预先给定的;有些问题与目标不那么明确,需要策划人挖掘归纳。在这种情况下,常常需要事前的调查,调查的详尽程度随策划的具体情况而定。

(二)分析策划环境

所谓策划环境,就是指在策划实施时,考虑会对有关组织和社会状态产生什么影响,或会受到什么影响等。系统论中的目标规划理论认为,组织为达到预定目标,应制定最佳方案。将这一理论应用于策划,环境分析就相当于设立约束条件,包括资源约束、组织约束、法律约束等各种环境约束。预先对策划环境进行细致的分析,找出各种可能的约束条件,是制定实际可行的策划方案的前提条件。

关于策划环境,可以从多种角度进行分类。通常可以将其简单划分为内部环境和外部环境、有利的环境因素和不利的环境因素。

---

① 苏姗. 现代策划学[M]. 北京:中共中央党校出版社,2002:66-72.

(三)产生构想

分析策划环境之后,就进入策划的核心阶段,即产生构想的阶段。

(1)策划人要确定策划的大致方向。策划的大致方向是围绕目标与问题,结合环境因素而确定的。能否准确发现问题、设定目标,决定了策划方向的准确性。

(2)策划人应找到解决问题、达到目标的关键所在,并逐步确立大致的抽象性概念。

(3)策划人应将这一抽象性概念附着于某个实体上,策划的核心——构想就初具轮廓了。随后,构想在策划人头脑中进一步清晰、成型,并最终发展成为一个完整的构想。

(四)制订具体计划、日程安排

制订行动计划是策划构想的细化过程。在大致确定了该做什么、怎么做之后,下一步的工作就是确定何时、何地做什么,需要何人、何组织的协助与监督,需要准备何种物资,具体是多少等。具体行动计划的制订使构想变成详细的计划,使策划由策划人头脑中的想法变成具体可行的方案,这是一个质的飞跃,它使策划初具现实的意义。

制订计划和日程表是一项工作量大,极具科学性、严密性的工作。一项策划的具体计划安排越详细、预算越准确,就越具有现实的可行性。

(五)整理制作策划书

从策划人的最初构想开始,策划书的制作就已经开始,只不过那时的"策划书"存在于策划人的头脑中。随着构想的细化,策划书初具雏形,内容逐渐丰富,直至最后成为完整的策划案。策划书是据以组织实施的设计图,是策划由想法到现实的重要环节之一。

一份好的策划书不但要有丰富、翔实的内容,能够完整地表达策划人的意图,而且要具有生动的、吸引人的表现方式,这样才有助于使策划案获得通过。能否制作一份完整的、有说服力的策划书,是策划人策划能力的重要表现之一。

(六)组织实施

日本策划专家江川郎认为,杰出的策划是指"杰出的创意+实现可能性最大的期待效果"。可见,策划只有杰出的创意是远远不够的,其效用最终表现在它的实施上。

(七)效果评价与反馈

这一阶段应注意两种情况:一是当策划案未获通过时,策划人应仔细分析其中的原因,并据此调整策划的结构和具体内容,以期再次提案时获得通过。二是当策划案获得通过并付诸实施,而实施结果不佳或偏离预定方向时,策划人应随时根据反馈信息进行调整,使策划按预定轨道取得预期效果。

本章小结

从本章的论述中,读者应该大致了解什么是策划,应根据什么样的理论指导去做策划,做策划要遵循的一般原则,以及策划的基本方法。

一、策划的基本特点

策划就是有效地组织各种策略方法来实现战略的一种系统工程。策划是一种从无到有的精神活动。策划是一种程序,在本质上是一种运用脑力的理性行为;是一种设计、一种安排、一种选择、一种决定,也是一张改变现状的规划蓝图。

策划主要有这样一些特点:

(1)策划的灵魂是创意。策划是科学的创意,是人们思想智慧的结晶。具有创意的策划,才是真正的策划。

(2)策划具有目的性。不论什么策划方案,都具有一定的目的,不然策划就失去了意义。

(3)策划具有前瞻性。策划是人们的一种科学的预测,因此具有一定的前瞻性。

(4)策划具有一定的不确定性。策划既然是一种预测或者筹划,就具有不确定性或者风险性。

(5)策划具有一定的科学性。策划是人们在调查的基础之上进行的科学的预测,不是突发奇想。

(6)策划具有可操作性。这是策划方案的前提,如果不具备可操作性,那么这个策划方案再有创意也是一个失败的策划。

(7)策划最终要以书面语言(或图表)的形式体现。与口头语言相比,用书面语言

（或图表）呈现的策划更有说服力和可行性。一个好的策划应该文笔流畅、脉络分明、表达清晰，让人读起来就有实现它的冲动。

二、策划的作用和意义

可以说，几个策划可以成就一家公司，而千万个策划就形成了一个有序发展的社会。

就个人的生涯规划与自我实现来说，学会策划，是这个时代赋予我们的一门必修课。几乎所有人在年轻的时候都要做一个有理想的人，而要实现理想，在当下学习策划是必须的。学会策划，是你实现梦想的理论支持；写好策划，是展现你才华、最终使你脱颖而出的重要方法。

思考题

1. 如何理解策划这个概念？
2. 现代策划的主要理论依据有哪些？
3. 策划的主要原则和基本程序是什么？
4. 为什么要学习策划？

参考阅读

1. 陈火金. 策划学全书[M]. 北京：中国社会出版社，2005.
2. 沈骏，徐云望，赵承宗. 策划学[M]. 上海：上海远东出版社，2005.
3. 陈放. 营销策划学[M]. 北京：蓝天出版社，2005.
4. 蒙南生. 媒体策划与营销[M]. 北京：中国传媒大学出版社，2006.

Chapter 3

第三章
媒体的创意与策划

通过本章的学习，你将掌握：

☑什么是媒介与媒体

☑如何认识新媒体

☑如何认识媒体创意与策划的重要性

第一节　媒介与媒体

一、媒介:人类传播的工具和技术手段

著名的传播学大师施拉姆说过:“人既不像上帝,也不像魔鬼,他的传播行为证明他的确是人。”这充分说明传播对于人和人类社会的重要性。那么,人类是利用什么或通过什么进行传播的?答案是:媒介。

“媒介”一词,最早见于《旧唐书·张行成传》:“观古今用人,必因媒介。”在这里,“媒介”是指使双方产生联系的人或事物。在英语中,媒介“media”系“medium”的复数形式,它大约出现于19世纪末20世纪初,指使事物产生联系的介质或工具。媒介无时不有,无处不在。凡是能使人与人、人与事物或事物与事物产生联系或发生关系的物质都是广义的媒介。

而在狭义的传播层面,人们对媒介这个概念的理解和运用,是各不相同且相当混乱的。我们可以从两个方面认识媒介。

(一)传播媒介有别于传播符号

符号是指表达或负载特定信息或意义的代码(如语言、文字、图像等),而媒介是指介于传播者与受传者之间,用以负载、扩大、延伸、传递特定符号的物质实体。作为一种代码或手段,符号反映了人对事物认识的过程和信息表达的逻辑特点,因此往往具有抽象性、有序性、思维性和意识性等特点。作为一种物质实体,媒介反映了传播过程本身的物质特点和存在形貌,如石碑坚硬、纸张薄软……它们都有形状、有质量、有尺寸,可移动、可保存、可毁坏。信息与符号、符号与媒介,犹如毛与皮的关系,皮之不存,毛将焉附?

(二)传播媒介有异于传播渠道

在传播学中,渠道是指传播过程中传受双方沟通和交流信息的各种通道,如人际

传播渠道、组织传播渠道、大众传播渠道等。不同的传播渠道需与不同的媒介相配合，而不同的媒介又对不同的传播渠道进行定型。例如，人际传播渠道是人与人面对面的交流，决定了只能使用人体器官媒介（如输出媒介——嘴巴、接收媒介——耳朵）和空气媒介。信息一旦通过广播、电视传播，就又进入大众传播渠道。人际传播媒介可以随意进入各种传播渠道，并与其间的特定媒介配合使用，而不会改变其渠道形态，但大众传播媒介则完全不同。可见，媒介不同于传播渠道。[①]

媒介作为信息传递、交流的工具和手段，在人类传播中起着极为重要的作用。媒介的发展与社会的演化变革密切结合在一起，同时，它在社会发展中的意义又是复杂的和多方面的。

二、媒体：作为社会组织的大众传媒

媒体是指传播信息的介质，通俗地说就是传播平台。在本书中，为了更准确、清晰地进行论述，所使用的媒体概念与上述定义有所不同。我们将媒体定义为运作媒介系统的社会组织。传统的媒体主要是指专门进行信息传播活动的职业机构，如报社、杂志社、出版社、电台、电视台、互联网等，还包括创造和使用新的数字媒介的个人，即媒体 = 人（或社会组织）+ 媒介技术（或工具）。所有的媒体都由人利用人类自身创造和使用的媒介技术或工具，进行信息传播活动。媒体可以说是社会传播系统中最积极、最活跃的因素。英文中媒体对应的词组 mass media 也有“媒介 + 社会组织”的含义。如果说，媒介的技术和工具属性决定着信息的物理形式、时空范围、速度快慢和量的大小，那么，媒介的社会组织属性则决定着信息内容的生产和传播。

从媒体出现的先后顺序来划分：报纸刊物为第一媒体，广播为第二媒体，电视为第三媒体，互联网则被称为第四媒体，移动网络为第五媒体。随着媒介技术的发展、传播门槛的降低，单个的人也有成为媒体的可能。按其表现形式划分，媒体分为平面、电波、网络三大类：平面媒体主要包括印刷类、非印刷类、光电类等，电波媒体主要包括广播、电视、影视（字幕、标版）等，网络媒体主要包括网络索引、平面、动画、论坛等。

（一）大众传媒的特点

传播者指的是传播行为的发起人，是借助某种手段或工具、通过发出信息主动作

---

① 邵培仁. 传播学[M]. 北京：高等教育出版社，2000：145-147.

用于他人的人。传播者处于传播过程的顶端,对信息的内容、流量和流向及受传者的反应起着重要的控制作用。

报社、电台、电视台等媒介机构是从事信息的采集、选择、加工、复制和传播的专业组织,从其生产规模的庞大性和受传者的广泛性而言,我们又把它们称为大众传播者,或称为大众传媒等。

在不同类型的传播活动中,传播者的地位和作用是不同的。同其他类型的传播者相比,作为传播者的大众传媒具有以下特点:

(1)地位稳固。在面对面的人际传播中,由于互动渠道的畅通,传播者和受传者可以轮流扮演说话人和听话人的角色,因此传受双方是互相影响和互相作用的关系。而在大众传播中则不同,大众传媒与受众的角色关系是固定的,我们在读书、看报、听广播、看电视时,只能单方面地接收来自大众传媒的信息。

(2)大众传媒是一种社会组织,具有自身的组织目标和组织结构。这个组织的基本成员是记者、编辑等专业传播工作者以及相关人员,他们被分配在不同的部门,有着不同的职能。这些人虽然也作为个人而存在,但是他们在大众传播过程中是以组织代表的身份出现的。记者写出的稿件可能含有个人的观点和判断,但经过报社内各把关环节的修改或认可,在发表之际已不再是纯粹的个人作品,而是变成组织的产品。

(3)大众传媒是大众传播生产资料的直接控制者和使用者。大众传播以先进的技术、昂贵的机器和设备作为必要的工具和手段,这些工具和手段直接由传媒组织控制和使用。一些重要的稀有公共传播资源,例如广播、电视使用的电波频率等,由国家以某种制度授权给传媒组织专用。

(4)大众传媒是专业的媒介组织,其收集、加工、生产和传播信息的能力和效率是一般个人和非专业组织所不能比拟的。

(5)大众传媒具有公开可靠的信源,其信息的可信性和可确证性要大大高于处于"匿名"或"半匿名"状态的其他传播者。

(6)大众传媒在传播实践中,尤其是在新闻传播领域形成了一整套为社会所广泛承认的行业规范和职业道德,并在此基础上形成了一套吸引和联系受众的有效机制。

大众传媒的上述特点,使得它们比其他类型的传播者地位更优越、力量更强大。从某种意义上来说,大众传媒也是传播权的拥有者,它们所拥有的传播能力和权利都远远超过了作为个人的社会成员或其他一般社会群体。

（二）大众传媒的组织目标与制约因素

大众传媒的组织目标包括经营目标、宣传目标以及公共性与公益性三个方面，通过对这三方面的分析，我们可进一步了解影响和制约传媒组织活动的各种因素。

1. 大众传媒的经营目标

大众传媒必须从事经营活动，这是维持传媒组织自身生存和发展的前提。传媒组织需要保障信息生产和传播正常进行的流动资金，需要为扩大再生产积累资金。这些客观需要的存在，使得传媒组织必须把经营活动放在重要的地位。传媒必须面对市场，把自己的信息产品或服务作为商品在市场上销售出去。要达到这个目的，传媒必须满足各种各样的社会需求，为消费者提供广泛的信息产品或服务。

大众传媒的经济收益主要来自两个方面：一是广告收益，二是信息产品的销售收益（主要体现为图书报刊的发行量或广播电视的收视率等）。

案例：蒙牛赞助“超女”

2005 年 3 月，2005 蒙牛酸酸乳《超级女声》全国大赛启动，在全国掀起了前所未有的热潮，共吸引了逾 15 万的报名者参加，更有超过 2000 万观众每周忠实地守候在电视机前观看。《超级女声》的广告价格高达每 15 秒 7.5 万元，年度总决赛的报价更高达每 15 秒 11.25 万元，超过了 CCTV－1 最贵时段 11 万元的电视剧贴片广告的价格。赞助商蒙牛乳业购买 2005 年《超级女声》节目冠名权的费用是 2800 万元，此外还投入 8000 万元制作与《超级女声》相关的灯箱、公交车体、媒体广告，再加上在自己的产品包装上附加《超级女声》的宣传，总体算下来，赞助商为这个节目提供了超过 1 亿元的资金支持。蒙牛乳业选择长沙、郑州、杭州、成都和广州这五个赛区，分别辐射其西南、华中、华东、华南四大销售区域。通过《超级女声》的超级影响力，蒙牛乳业成功地把消费者吸引过来，让“蒙牛酸酸乳”品牌深入人心。

2. 大众传媒的宣传目标

大众传媒在从事市场和经营活动的同时，还具有重要的非经济收益目标，其中包括宣传某种思想和意识形态、提倡某种信念、行使某种权利或增强社会影响力等。传媒组织之所以具有宣传功能，是与信息生产的特殊性分不开的。信息生产属于与社会的上层建筑直接相关的精神生产品，每一种社会信息产品都不可避免地包含着特定的观念、价值和意识形态,对社会意识和社会行为具有重要的引导作用。正因为如此,社会上的各种利益集团或组织必然会把大众传媒作为施加社会影响力和维护自身利益的工具。

大众传媒的宣传目标主要通过两种活动得到实现,一是言论活动,二是报道活动。前者具有直接的宣传功能,传媒组织可以通过社论、评论等形式直接宣传某种思想,表达某种观点,或对重要的社会事件和问题表明传媒的立场或态度。后者具有间接的宣传功能,其主要做法是在新闻或信息的选择、加工和传播过程中贯彻传媒的意图和方针,获得潜移默化的宣传效果。此外,娱乐内容的选择和提供,也能够实现活动特定的宣传意图。毋庸讳言,大众传媒都有其政治、经济和意识形态背景,它们必须要为特定的利益服务。

案例:美国大选中的大众媒体

在美国大选中,大众媒体已经成为塑造政治形象的重要工具。正因为如此,对于总统候选人来说,如何有效地利用大众媒体特别是电视来说服选民投票支持自己是一项重大的挑战。美国两大党——共和党和民主党都非常重视电视的作用。选举期间,候选人花费大量的金钱不断地在全国或者地方的电视台上播出政治广告,或者宣扬自己的政治主张,或者攻击对手,以期赢得特定选民的支持。候选人通常还会雇用专业人士来精心设计和制作广告,确定发布的时间和内容等。在广告发布策略上,候选人通常将大量的经费用于一些选票争夺激烈的关键州上。在2008年民主党党内总统候选人提名竞选中,奥巴马之所以能够最终战胜希拉里,其中的一个关键因素就是在最后阶段,奥巴马在媒体上的曝光率比希拉里高,投入更多的资金在媒体上,这最终影响了民主党的党内选情。

另据调查,美国网络用户已超过1.5亿,美国人特别是年轻人通过网络获取政治方面信息的比例越来越高。网络可以提供给人们一种传统媒体无法覆盖的补充性资料,从而使人们对候选人有更多的了解。候选人不仅可以利用因特网来拓展自己的影响,而且可以建立自己的竞选网站,兜售自己的政治主张,同选民进行沟通,并通过网络募集资金。奥巴马在利用因特网进行竞选活动方面,比希拉里的表现好,这也是他最终胜出的一个重要原因。相信随着因特网的不断发展和视频技术的提高,因特网将从根本上改变人们参与政治生活的方式。实际上,早在2000年的美国总统大选中,美国政府就已经首次进行网上同时投票测试了。[①]

3. 大众传媒的公共性与公益性

(1)大众传媒是现代社会必不可少的信息生产者和提供者,在满足社会的普遍信息需求方面起着一种公共服务的作用。

(2)大众传媒的信息生产和传播活动对社会的政治、经济和文化道德方面具有广泛而强大的影响力,这种影响力涉及普遍的社会秩序和社会公共生活。

(3)大众传媒是某些稀有公共传播资源(例如广播电视使用的电波频率)的受托使用者。作为公共财产的使用者,它们必须对社会和公众承担相应的义务和责任。

这种公共性和公益性是大众传媒的权利基础。一方面,大众传媒拥有最大限度的采访权、言论权、编辑权和刊载权,并拥有广泛的舆论监督的权力。另一方面,公共性和公益性也对大众传媒具有重要的制约作用,它要求传媒的活动必须符合社会公共利益。公共性和公益性对传媒活动的制约,有些体现为法律形式的限制,有些则作为受众监督和传媒自律的重要规范发挥作用。

(三)传媒组织在信息生产过程中的作用

1. 筛选信息

大众传媒是现代社会中主要的信息提供者。但是,即便大众传媒具有强大的信息生产和传播能力,它们所能提供的信息也只能是无限丰富的社会信息的一部分。大众传媒筛选信息有三个基本前提:

(1)附加前提。事件包含的新闻要素越多,越有可能成为新闻。

(2)补偿性前提。一个事件在某些要素上是平淡无奇的,但可以因其他要素比较突出而得到补充。

(3)排除性前提。如果一个事件所有新闻要素含量都偏低,那么这个事件就可能被排除在大众传媒的传播议程之外。

2. 生产信息

传媒组织进行信息生产的标准主要有:

(1)业务标准。指的是事件适合于媒体进行新闻处理的各种条件,如时间跨度、

① 袁征. 大众传媒塑造美国大选[N]. 中国青年报,2000-11-8.

明晰性、组合性等。

(2)市场标准。指的是事件能够满足受众信息需求、吸引受众兴趣的各种条件,例如提供社会最新变化的信息,能够满足受众的求知欲、好奇心,具有趣味性、人情味等。①

第二节 媒体革命:从新媒体到自媒体

目前,一场由最新的信息传播革命引发的媒体革命正在如火如荼地进行着。信息传播革命是人类历史上的第五次传播革命,它直接导致了数字化传播的诞生。数字化传播是指表现和记录人类物质和精神世界的数字、语言、文字、声音、图画和影像等各种信息传播方式,都可以用计算机的二进制语言进行数字化处理,从而可以相互转换。每一次信息传播革命不仅会把人类文明推向一个新的发展阶段,同时也会引发一场媒体大变革。新媒体和自媒体的出现,就是当下这场正在我们身边发生的媒体革命的第一批成果。

一、新媒体

(一)新媒体的概念

新媒体是在新的技术支撑体系下出现的媒体形态,如数字报刊、数字广播、手机短信、移动电视、网络、桌面视窗、数字电视、数字电影、触摸式媒体等。新媒体就是能为大众提供个性化内容的媒体,是传播者和接收者成为对等的交流者,而无数的交流者相互间可以同时进行个性化交流的媒体。

(二)新媒体的传播特点

1. 每个人都可以进行大众传播

从岩画和巫会的模拟传播,到诗歌和戏剧的口语传播,从造纸术和印刷术发明之后的文字传播,到无线电发明之后的电子传播,回顾人类的大众传播史,我们可以发

① 郭庆光. 传播学教程[M]. 北京:中国人民大学出版社,1999:157-161.

现，传播的媒介形态日趋丰富、传播行为日趋自由。印刷品传播和电子传播的形态、通道是固定的，其传播的专业要求和边际成本都很高，传播者具有较强的垄断性和较大的控制权。而数字化必然带来的网络化，以及网络化必然导致的交互性，使传播者和接收者的身份转换极其容易。如今，一个人通过发送手机短信、撰写博客日志、发起网络群聊，就可以在任何时候、任何地点，对任何人进行大众传播。

2.“信息”与“意义”无关

文本、声音和影像都只是0和1的组合。传播的信息从传播的意义中抽离出来，使“把关人”的功能大大减弱。因为意义是完整、单一而不能分割成片段来进行传播的，易于甄别，而信息是可以编码、分段、压缩，进行传播、再组合、复原、解码，进行读取的，很难在传播过程中判别每一片段的信息意味着什么。目前在北京、上海等大都市发展很快的楼宇视频和地铁视频系统，是电视还是计算机？为此曾经发生的定性之争，就是这种突破的生动案例。

3.受众的主动性增强

在新媒体时代，信息越来越多，一个人根本不可能对其进行全部接收和处理。同时，在技术上对信息进行筛选、复制和传播已经非常容易。因此，信息接收者按照什么样的标准，通过什么途径，如何选择和过滤信息，在很大程度上决定了信息传播者的传播意图能否实现，这意味着受众的主动性和消费偏好变得日益重要。

4.大众传播的小众化

传播学中“沉默的螺旋”理论表明人们为了避免成为异类、陷入孤独，往往在大众媒体或舆论活跃分子发表了意见之后，不再表达自己与之不同的观点。而在新媒体时代，任何一个人通过互联网、手机等，都可以随时进行信息沟通，甚至成为传统媒体的重要信息来源，人际传播的重要性得到突显和强化。传统的倾向于无差异的广大受众，开始分割为特征与需求更为细分的“小众”，如各种各样的网络游戏团体、户外旅游论坛、短信交友俱乐部等。在新媒体时代，分散的意见领袖不断增多，“沉默的螺旋”理论遭遇了新挑战。

5.传播内容和形式多元化

当今社会是经济全球化和信息多元化的社会，各种媒体在注重大众传播的同时，也十分关注分众传播，受众成为各种媒体争夺的对象。新媒体的发展决定和加剧了传媒信息资源的竞争，原创性、独家性的信息内容，个性化的传播表现形式、节目内容、编排角度和组合方式等,将是争夺受众的关键所在。同时,信息资源的充分利用、增值服务项目的扩大和效益最大化也是传媒产业所追求的目标。这一切的变化与发展,都依赖于新媒体技术平台的支持与发展。

6. 跨媒体整合

新媒体与传统媒体的整合,既推动了技术的进一步发展,又实现了媒体资源的进一步整合,传播的效果和能量进一步突显。新的网络技术、通信技术,例如宽带技术、无线通信技术、P2P 技术等已显露出整合各种媒体的功能。高端手机集网络、广播、电视、电话等媒介于一体,集信息采集、发布、传送与接收等功能于一体。新媒体的技术平台一旦与传统媒体的内容制作平台进行优势互补,在集成共享理论的框架下,就能最大限度地实现各种媒体资源的互相转换和增值服务,促进经济的繁荣与人们文化生活质量的同步提升。①

(三)新媒体与社会发展

社会是一个有机体,大众传媒是其重要的组成部分,二者互相影响。举凡社会的发展和环境的变迁,都会引起大众传媒的调整与变化;反之,大众传媒对社会的发展也有一定的促进作用,如培养大众的欣赏趣味、引导舆论、推动社会文明发展等。

1. 促使社会民主进一步提升

网络、宽带和手机等新媒体的产生,使信息传播渠道更加多元,公众接收信息更加畅通,从而加速了社会信息平权意识的建立,加强了各级政府部门对于信息公开制度建立的重视。新媒体技术的发展使政府通过网络等新媒体实现公共信息最大限度的公开和透明,让更多市民接触更多政府政务信息成为可能,政府政务信息公开既是政府"以民为本"的重要职责,也是各级政府网站的主要工作任务之一。

2. 促进文化消费大众化

新媒体的互动传播,使新媒体的内容更加趋于平民化和通俗化,传者和受者之间的交流也趋于平等。平等地说自己的故事,平等地谈论自己的观点和感受,平等地创作自己喜欢的作品,从而不断地推动新媒体的内容和形式的创新。新媒体的隐秘性、开放性和包容性,使充满个性和活力的网络文学和手机文学得到迅猛发展,成为文学新的增长点。新媒体的平民性和通俗性,使网络音乐和手机彩铃更符合人们的实际需

① 蒋宏,徐剑. 新媒体导论[M]. 上海:上海交通大学出版社,2006:1-5.

要,成为闲暇生活和自我愉悦的重要组成部分。

总之,新媒体的崛起与发展必将深刻地影响社会的方方面面,也必然会对媒体和传媒产业的发展产生深刻的影响。同时,新媒体的崛起与发展也给我们留下了更广泛、更深入的研究课题,诸如新媒体内容的纯洁性与网络安全性,新媒体舆论导向的甄别与控制问题,新媒体运营的管理方法和商业模式,多媒体、游戏、动漫、手机等新形式、新内容都需要我们在实践与探索中进行深入的研究。①

二、自媒体

(一)自媒体的概念

自媒体是继 E - mail、BBS、IM(即时通信)之后出现的第四种网络交流方式,是一种全新的媒体形式。自媒体(We media),或者叫"自主媒体",在形式上包括 E - mail、BBS、BOLG、微博客(Micro - Blogging)等。它是私人化、平民化、普泛化、自主化的传播者,以现代化、数字化的手段,向不特定的大多数或者特定的单个人传递规范性及非规范性信息的新媒体的总称。

(二)自媒体的种类

自媒体主要有四种类型:博客、播客、微博、SNS 社交网站。

第三节 媒体的创意与策划

一、媒体创意与策划的概念

(一)媒体创意的概念

所谓媒体创意,简单地说,即现代传媒面对市场变化和需求,在信息传播、运营的各个方面、各个层面所采取的具有创新性的策略和构思。

媒体创意是媒介竞争的产物,是市场化时代媒介生存与发展的必要手段。学习研

① 蒋宏,徐剑.新媒体导论[M].上海:上海交通大学出版社,2006:6-11.

究媒体创意的要点在于,通过跟踪业界动态,解析有关媒体创意案例,关注相关理论,从学理上总结、探讨媒体创意规律,从而为媒体传播与运营的创新性实践提供理论指导或启示。媒体创意学的视域广阔,涉及传播学、美学、文化人类学、社会学、心理学、营销学、创造学等多学科的理论与方法,是一个交叉应用性领域。

(二)媒体策划的概念

媒体策划是在新闻传播策划的基础上发展起来的。要理解什么是媒体策划,就要先了解新闻策划。

狭义的新闻策划是指针对新闻报道选题的策划,即新闻媒体为了系统地、有章法地做出深刻鲜活的新闻,在新闻采访前对某一个选题做出相应的有方向性的安排,在新闻采写、制作时按照计划的思路予以细化整合,以期达到良好的传播效果。据此定义,新闻策划可分为两个方面:应对公众关注的显性新闻信息(如突发事件、政策、法律法规的出台等)进行策划报道,即显性新闻策划;通过对人们感兴趣的隐性信息的挖掘,使之成为公众关注的新闻内容,即隐性新闻策划。当然,二者并非完全割裂,有时显性新闻策划中同样需要对隐性信息进行挖掘,而在隐性新闻策划中,也可能面对显性的新闻事件。[①]

媒体策划则是比新闻策划层次更高、更广泛的策划,不仅包括新闻报道、信息传播等新闻策划,还包括媒体产业发展、媒介品牌塑造、广告经营、传媒市场营销等多方面的策划。

二、媒体创意与策划的重要性

(一)创意为先

迄今为止,中国的多数媒体仍停留在价格竞争、规模竞争阶段,同质化现象严重。主要表现在两个方面:一是内容方面,你有我有他也有;二是运营方面,各媒体创意策划手段相似、营销运作相似、赢利模式相似。媒体要想生存和发展,必须放弃已经习惯的同质竞争,转而依靠创意和策划来谋生存、求发展。

而中国传媒业今后要实现良性发展,必须走异质化竞争的路子,依靠创意提高媒体的整体运作水平和品牌效应。为什么美国的大片、韩国的游戏能够风行全球?高附

---

① 李哲夫.媒体策划与影响力[M].广州:广州出版社,2007.

加值背后的推动力是创意和自主知识产权。传媒属于文化产业,而文化产业最核心、最本质的就是创意。只有尽快从新闻报道、发行营销、广告经营、宣传活动等方面全方位提高传媒业的创意策划水平,中国的传媒业才会有美好的明天。①

(二)内容为王

媒体内容为王的本质不仅没有改变,反而更加突显出来。对以信息服务为主的新媒体来讲,更是如此。"媒体容器、传播工具和处理平台都同质化后,媒体产业的竞争将转化为内容的竞争","原先的媒体工作者会转化为以提供内容为主的资讯生产者角色,现在各种媒体产业是以工具来区分的,未来则会变成媒体内容的竞争"②。在很大程度上,新媒体的成功是商业模式和传播渠道的成功,传统媒体的没落是市场表现的没落,而不是内容的没落。从内容为王到渠道至上再到内容为王,这种反复正反映出媒体本质和价值的回归。

内容制作是整个媒体信息生产传播中最重要的环节,在内容制作上取得优势,才能成为未来传媒市场的主导。而内容制作首先靠的是媒体的创意与策划。因此,对媒体内容为王的本质最准确的解读,应该是"创意为先,策划为上",创意与策划始终是媒体的灵魂。

本章小结

15 世纪,德国人古腾堡发明了铅活字印刷术。这项技术最终产生了划时代的影响:人类掌握了对信息进行批量生产的技术,并催生了一个新的产业——大众传媒。通过纸质图书和报纸,人类智慧得以记载和广泛传播,庞大的出版工业在社会生活中扮演着越来越重要的角色,人们的思想和社会结构发生了根本的变革。近年来,随着互联网的出现和深入发展,这种模式已经受到严重的冲击。

论坛等新媒体的出现、博客等自媒体的兴起,正在颠覆着传统的信息传播方式:大众不再满足于被动地接收信息,每个人都可以在网络上发出自己的声音,展示思想和个性。

---

① 赵曙光.传媒五大变局与报业六大突破——略论"拐点"期的报业转型与创新[J].中国记者,2006(12):9-10.
② 温世仁.漫话媒体的未来[M].北京:生活·读书·新知三联书店,1999:110.

尽管目前传媒出现了空前未有的大变局,但不论是传统媒体还是新媒体、自媒体,要想获得成功,都必须具备一个共同的因素——高质量的内容。内容为王依然是媒体的本质和最根本的价值所在。

思考题

1. 如何理解媒介与媒体这两个基本概念?
2. 描述一下你对传统媒体的认识。
3. 描述一下你对新媒体的认识。
4. 如何认识媒体创意与策划的重要性?

参考阅读

1. 弗兰兹.创意无限[M].杨颖,译.北京:中国社会出版社,2007.
2. 张玉彩.头脑创意新风暴:旋转思维训练[M].北京:中央编译出版社,2006.
3. 汪黎黎.媒体创意实践学程[M].南京:江苏科学技术出版社,2010.
4. 关众.媒体策划学概论[M].北京:经济科学出版社,2012.
5. 哈里森.创意的秘密[M].杨凯,赵雯靖,译.北京:世界图书出版公司,2012.

Chapter 4

第四章
图书的创意与策划

通过本章的学习，你将掌握：

☑什么是图书的创意与策划

☑如何进行图书选题、宣传、编辑、制作、营销等出版环节的创意与策划

第一节　图书选题的创意与策划

图书策划是指出版人以图书市场的需求为导向、以读者的阅读心理为依据,在对所策划图书进行准确的市场、读者定位的基础上,通过对图书出版各个环节的精心筹划、精心组织、精心运作,使图书投入市场后迅速得到市场认可,并取得良好社会效益和明显经济效益的出版行为。图书选题是整个出版流程中的第一步,也是最关键的一步。

一、基本概念

图书选题的创意与策划是指出版社编辑人员及其他图书出版从业者,以强烈的创新意识、敏锐的市场洞察力和热情的工作精神,积极主动地筹划、组织图书稿件的一种行为。

图书选题创意与策划的关键,是要扎扎实实地做好以下工作:深入、细致的市场调查,准确的读者定位和选题特色定位,确定选题框架,物色最佳作者,参与选题写作提纲的拟定和审定,培训与指导作者写作(从图书策划和写作技巧角度),在作者写作过程中积极做好稿件的"田间管理"工作等。选题策划应突出两个定位:读者定位和特色定位。图书选题创意策划者应具备进取意识、问题意识、调研意识、臻美意识和求效意识。进取意识是选题创新的动力,问题意识是选题创新的源泉,调研意识是选题创新的钥匙,臻美意识是选题创新的目标,求效意识是选题创新的追求。

二、图书选题创意与策划的要素

(一)新颖独特

一本书从内容到形式都要体现创新精神,应包含较多的创造性因素,新鲜、新奇、新颖,要么是读者欲知而不得知的内容,要么是读者想都想不到,但确实是读者所关心，有潜在的读者需求或读者群的内容。

(二)形式完美

图书形式上的创新包括版式、开本、装帧等。自2003年起，上海市新闻出版局主办"中国最美的书"评选活动，以书籍设计的整体艺术效果和制作工艺与技术的完美统一为标准，邀请海内外顶尖的书籍设计师担任评委，评选出中国出版的优秀图书20种，授予年度"中国最美的书"称号。"中国最美的书"已经成为中国文化界的知名品牌，也为中国优秀的图书设计走向世界提供了有利平台。

(三)读者认可

图书发行量大小是衡量一本书成功与否的重要因素。因此，在选题策划时必须考虑如何才能得到广泛的公众认同，具有最大的读者面。即使一些较为专业的图书，只要出版策划者看准了被某一特定的行业广泛需要，或者适合社会的潮流，就可以被公众所接受。

(四)实际价值

策划者要清楚地认识到，读者购书是为了有所收获，或者得到思想上的启迪，如哲理散文和文化散文读后令人回味无穷；或者有使用价值，如烹调、养花之类涉及专业技能的书，使人增长技艺。

三、图书选题创意与策划的重要性

国际著名品牌研究专家大卫·爱格提出管理者们应从三个方面发展品牌策略：首先是如何利用品牌识别或视觉形象引导品牌构建的过程。其次研究企业如何整合多个品牌，使其成为一个跨品牌的分工明确、协同作用的系统。最后说明品牌价值，尤其是说明对跨产品和跨国界品牌衡量的标准。[①] 具体到图书出版，出版经营管理的品牌策略是以成功选题为基础的，由此可见选题对出版社实施品牌策略具有重要意义。

从宏观的角度而言，出版社的品牌策略应该贯穿整个出版经营管理过程，图书的

---

① 爱格.品牌经营法则：如何创建强势品牌[M].呼和浩特：内蒙古人民出版社，1999.

选题策划、编校印刷、营销发行的每一个环节都应体现出品牌意识,维护图书品牌的六个"资产":图书(产品)、装帧设计(形象)、奖励荣誉或市场反响(商誉)、书店与读者(顾客)、中盘(渠道)和品牌图书、丛书或出版社的标识(视觉)。①

案例:电子工业出版社的图书创意与策划

电子工业出版社是在图书创意与策划组织架构和运作机制上较早取得品牌效应的出版社之一。该社突破传统总编、编辑室和编辑三层策划制,设立专职的策划编辑,培养高素质的策划队伍,落实策划编辑制。当一些出版社还在讨论策划编辑制的是与非时,该社已经加强了整体选题策划的力度和深度,并取得了良好的业绩。同时,该社还独创策划编辑品牌经理责任制,以制造业企业品牌管理模式来管理该社每年重点打造的十余套系列丛书品牌。在这样的机制创新下,该出版社的"手把手教育工程系列""Office 专家丛书""计算机教育丛书""数字移动通信技术丛书"等都形成了较高的品牌知名度,其中"数字移动通信技术丛书"获得了1998年第11届中国图书奖和信息产业部1998年度国家科技进步奖。

第二节　图书宣传的创意与策划

一、基本概念

图书宣传的创意与策划是指出版社的宣传策划人员或者编辑人员充分而巧妙地利用各种媒体的优势和通过举办富有创意的活动对本社、本社图书进行宣传造势,以扩大出版社影响力、图书知名度和提高图书发行量的一种谋划行为。

具体而言,图书宣传的创意与策划有三层含义:

(1)宣传策划的目的十分明确,即扩大图书的社会影响,从而提高图书的发行量。

(2)利用各种媒体和举办各种活动扩大影响。

(3)对媒体的利用和举办活动必须是有创意的、新颖的。

---

① 要力石.实用图书策划学[M].北京:中国书籍出版社,2007:93-96.

二、图书宣传创意与策划的要素

(一)媒体分析

1. 媒体定位,多样手段

熟悉媒体、研究媒体、选择媒体,把图书的特点和媒体的特点结合起来,才能在图书内容各不相同的情况下(出版社出版的每一种图书都有不同的主题、内容和特点),做到图书和媒体准确对接,达到既有互动效应,又有深入扎实的报道效果。

2. 寻找由头,全力跟进

如果想把图书的宣传策划工作做到位,仅仅依靠媒体记者是不够的,还需要出版社负责宣传策划的人员站在记者的角度去寻找图书宣传的新闻由头,帮助记者选取最佳的报道角度。

3. 有求必应,全力配合

从主动向媒体寄发材料和图书、介绍情况,到提供现成的文字稿件;从与他们商量版面安排,到召集新书首发式;从协调、组织专访,到帮助整理录音材料,全面满足媒体的要求。

(二)广告运作

1. 提高广告宣传的质量

从数量型向质量型转变,尤其是提高广告宣传的策划质量,在实践中探索适合本出版社的广告宣传模式。

2. 增加广告宣传的投入

将广告与宣传结合起来,将广告与发稿结合起来,可以起到事半功倍的效果。

3. 运用图书广告的操作方法

(1)借助业内权威人士影响读者。

(2)以图文并茂的方式加深读者印象。

(3)着力于广告构思和用语的创意。

(4)注重色彩搭配,尤其要突出色调反差效果。

(三)名人效应

1. 方法

(1)请名人做图书广告。

(2)请名人或权威人士撰写介绍文章。

(3)巧妙利用与名人有关的切入点加以宣传。

(4)邀请名人参加相关荐书活动。

(5)借名人栏目提升图书影响力。

如果一本图书与名人有直接关系,就直接使用;如果没有直接关系,千方百计挖掘出关系,也要“挂靠”上去。前者可以概括为“借势”,借名人之势宣传图书;后者可以概括为“造势”,创造性地形成声势。其目的都是扩大图书的知名度、提高销售量。

2. 注意事项

(1)要取得名人授权。

(2)宣传造势不要庸俗化,广告意味不要太浓,避免引起读者反感。

三、图书宣传创意与策划的操作方法

(1)随时掌握本社图书的选题动向,及时拟订重点书目的宣传方案和计划。

(2)加强与主流报纸、杂志、电台、电视台和网络媒体的联系,建立运转灵活的图书宣传网络。

(3)以书讯、书评、书摘、评论家撰文等形式,扩大出版社的社会影响力和图书的知名度。

(4)精心计算投入产出率,以较小的投入获取较大的回报。尤其是在刊登广告方面要慎重,做到除常规广告宣传外,只有有市场潜力的重点图书才运用广告宣传手段,避免盲目投入。

(5)精心撰写评价文章和广告词,严格把关,保证观点正确,不出任何重大差错,重要的介绍文章要经社领导审定。

(6)设立评选奖励机制,对在宣传策划中成绩突出的人员及时给予表扬和奖励。

(7)研究媒体的不同特点,重视宣传艺术。讲究不同时段的宣传、不同媒体的宣传和不同方式的宣传,做到重点书隆重推出,一般图书及时宣传。

(8)策划各种有创意的活动宣传图书。举行新书发布会是最常用的宣传方式之一。

(9)找准宣传点和宣传角度。①

案例:《秘密花园》成人涂色书

2013 年推出的《秘密花园》已经被翻译成 22 种语言,全球销量超过 200 万册。一度登上亚马逊畅销榜榜首,并在畅销 Top100 中停留了近 8 个月。2015 年 2 月上市的《魔法森林》(*Enchanted Forest*),也是亚马逊的畅销书。

从销量来看,头一个月《秘密花园》就登上京东、当当、亚马逊新书热卖榜榜首,部分网站甚至出现了缺货情况。仅京东 6 月 18 日促销当天就销售了 25,000 本,京东图书频道甚至单列了"涂绘/减压画"类。

《秘密花园》的成功,首先在于它定位准确,找好了宣传的点。耗时、费力、有工具要求,甚至还有人抱怨密集恐惧……这本 25 厘米见方的填色书的消遣门槛并不低,但为"成年人"而作的定位让它获得了成功。人们会把涂完的作品发表在 Facebook、Pinterest、微信朋友圈等社交媒体上,在炫耀自己成果的同时,也热衷于交流涂色经验。

社交媒体的快速传播也是《秘密花园》流行起来的主要原因。韩国明星金基范在社交网上发布了一张涂色作品,收获点赞数逾 13 万;美国歌手佐伊·丹斯切尔也曾在社交网络分享《秘密花园》;热门韩剧 *Blood* 中也曾出现过《秘密花园》的镜头;韩星金来沅在拍摄《重击》时,也被拍到在玩《秘密花园》。在中国有天猫等电商的推广,还有刘烨、井柏然等明星大 V 在微博中很自然地晒出自己的涂色成果和真实的现场照片,具有极大的示范效应。

把涂色与治愈人心联系起来,才是涂色书大热的撒手锏。《秘密花园》把涂色和减压绑定消费,非常切合当下读者的内心,自然能够让消费者买单。②

---

① 要力石.实用图书策划学[M].北京:中国书籍出版社,2007:150-179.

② 《秘密花园》这样的成人涂色书到底怎么火起来的[EB/OL].(2015-07-20)[2016-05-02].http://mt.sohu.com/20150720/n417125732.shtml.

第三节　图书编辑的创意与策划

编辑既指用物质文明设施和手段,组织、采录、收集、整理、纂修、审定各式精神产品,使之传播展示于社会公众的工作,又指从事这项工作的人员。通常编辑又可分为图书编辑、期刊编辑、报纸编辑、广播编辑、电视编辑、电子出版物编辑等。

一、基本概念

图书编辑创意与策划是指出版社的编辑人员在对图书进行文字、版式的编校、选定过程中,从图书市场和读者的需要出发,使原创图书从内容到形式更加精品化,使引进版图书更加本土化的编辑行为。

具体而言,图书编辑的创意与策划有四个要点:

(1)编辑对象应该包括文字、图片和版式乃至封面。

(2)必须适应市场和读者的需要,而不是就图书编辑图书,从一开始就要围绕图书市场编辑图书。

(3)通过编辑策划,使内容和形式尽可能精致、完美。

(4)引进版权图书的编辑,是把国外已经出版、广受欢迎的图书引进后进行编辑,其主要编辑任务是适应国内读者的需求。

二、图书编辑的主要类型与创意策划

(一)系列丛书编辑的创意策划

1. 系列丛书的特征

丛书是汇集多种单行的书籍,加以整理、编辑为一套,并且具有一个总名称的出版物。

(1)在内容上,或者围绕一个主题,或者具有某些共同特征,比如同属于某门学科,同属于某一专业。然而,彼此之间并无内在联系,每种书都可以单独存在。因此每种书除了有丛书名外,还可以有单独书名(子目)。

(2)在编排上,有的具有一定的结构和前后次序,但多数丛书并无一定的结构和次序。

(3)在出版方面,有的全套丛书同时出版、发行,但多数是逐卷(册)出版、连续多年。

(4)在形态上,绝大多数丛书的版式、书型、字体、装帧等基本一致。①

2. 系列丛书出版的优势

对于出版社来说,丛书出版的优势在于:

(1)经济利益。一般来讲,只要选题到位,适应了市场的需要,丛书出版的规模越大,其效益就越好;而某一套丛书的数量、品种越多,经济效益也越好。

(2)图书搭售。一方面,许多图书选题单独不成篇,一旦有一个好的主题把它们串起来,形成某一专题性的套书,就会形成一定的规模。另一方面,几十种甚至上百种的图书,其质量必然参差不齐,有高下之分,但进入一个整体,就可以扬长避短和形成模糊差别。

对于消费者来说,丛书出版的优势在于:

(1)一套在手,什么都有。追求圆满是读者普遍的心理习惯,读者购买丛书不仅考虑知识上的完备性,也考虑其今后作为资料的完整性。

(2)购买方便,省时省力。丛书适应现代人的消费习惯,购买整套的丛书省去了一一挑选单本的时间与精力。

(3)作为收藏,美观实用。随着人们生活水平和知识修养的提高,藏书不仅成为身份、档次的象征,还成为居室装饰的一个重要组成部分。丛书精美的装帧设计最适合家庭书橱摆放和收藏。

(4)作为礼物。丛书既具有经济价值,又能彰显文化品位。

3. 系列丛书出版的劣势

(1)出版丛书需要出版社具有相当的整体实力和综合实力,因为丛书的投入是单本书投入的几倍甚至百倍。

(2)丛书出版对编辑水平的要求较高,几百万字乃至几千万字的丛书需要编辑具有相当的业务能力和持久力。

(3)丛书的出版对选题策划和宣传策划的要求要高于单本书,单说稿源就是一大问题。

---

① 罗宇华.浅谈丛书的特点及其分类方法[J].高校图书馆工作,1992(01):19.

(4)丛书的制作周期一般较长,少则数月,多则数年,而丛书的出版规律要求丛书推出的时间越集中越好。如果出版不及时,跟不上市场发生的变化,丛书一面世便成为明日黄花。

4. 系列丛书编辑的创意策划

(1)要看选题的创意策划和图书质量如何。只有高质量的图书加上高水平的宣传策划才会得到高收益。

(2)丛书出版的投入比单本书高,其成本也相对较高,由此,在丛书的销售方面,较高的价格可能成为影响读者购书的第一道障碍。有些丛书虽然理论上有广阔的市场潜力,但在个人图书投资还较为谨慎的中国,可以预见的买方市场不一定能形成图书的实际利润。

(3)图书的效益从根本上讲取决于质量,而不完全取决于数量。丛书和单本书都是图书内容的载体,各有优劣,通过创意策划,都会取得理想的社会效益和经济效益。

(二)精品图书编辑的创意策划

1. 精品图书的标准

关于精品图书的标准,概括起来就是内容和形式的完美统一。内容包括题材、价值、格调等,形式包括装帧设计、版式设计和印刷质量等。两者的关系包含两层意思:一是内容等必须是过硬的,同时形式上也必须没有差错且是有创意的;二是内容和形式要协调统一、相辅相成甚至相映生辉。

2. 精品图书出版的多重效应

(1)宣传效应。精品图书的宣传效应比出版社任何形式的广告宣传都要有说服力,它能代表出版社的综合实力,展现出版社的风采和魅力。

(2)品牌效应。出版社的精品图书在出书总数中毕竟只占很小的比例,精品图书的意义在于为出版社的图书或系列图书创造品牌。如果系列丛书有精品图书的“加盟”,那么这个系列便会大放异彩。

(3)带动效应。精品图书一经出版,它的编辑、制作人员会受到出版社的表彰,它所产生的激励作用会激发其他编辑、制作人员努力编辑出版精品图书的积极性和创造性,从而提升整个出版社的平均工作水平。

（4）经济效应。精品图书具有长久的销售价值和阅读价值。它会不断再版，沉淀为长销图书后，为出版社持续产生经济效益，成为出版社稳定的收入来源。

3. 精品图书编辑的创意策划

（1）增加投入。增加在少数精品书上的投入，包括组织优秀的编辑制作阵容，集思广益、群策群力，在策划选题和编辑出版过程中精益求精、一丝不苟。

（2）采取项目小组机制。为实现重点突破的目标，可采取项目小组的机制，即打破出版社内部的工作分工，跨部门组成一个精干的特别项目小组，集中精力和时间，专门攻克精品图书的难关，直到图书编辑出版全程运作完毕，取得良好的社会效益和经济效益为止。

（3）注意细节。整个精品图书的创意策划要注意几个细节：一是书名要起得不同凡响；二是图书内容要厚重而有新意；三是封面设计要独具匠心；四是编辑校对质量要无懈可击，经得起检验。

（三）引进版图书编辑的创意策划

1. 内容的本土化

（1）政治上的把关。

（2）删减不合国情，对于中国读者没有参考价值的内容。

（3）考虑读者阅读体验与销售预期，进行适度压缩。

（4）翻译的本土化。

2. 形式的本土化

（1）书名应该是形式和内容的统一体。将外文的书名译成中文的书名，弹性很大，因而，在引进版图书的书名翻译中，外文要好，中文要精，文字功底要扎实，同时要符合时尚与市场的双重要求。一方面，从内容上要可以看出是引进版图书，如《谁动了我的奶酪》；另一方面，从风格上要可以看出叙述方式的差异，如《说谎：你所不知道的一切》从句式上就可以看出是一本引进版图书。

（2）封面的设计要保持原作风格，使读者可以感觉到这是一本引进版图书。第一种方式是保留原版的风格，即在原版封面上直接加上中文书名；第二种方式是重新设计。采用第二种方式要注意几个问题：在封面上选择可以表现异国风情的图片或者人物；在色调上要与书的内容一致；一定要在中文书名旁边保留原版书名；风格上既要考虑时尚的异国情调,又要考虑中国读者的审美习惯。①

第四节 图书制作的创意与策划

一、基本概念

图书制作的创意与策划是指出版社图书制作人员为了使图书形式更加时尚、完美和富于个性,而对图书进行以封面设计为主的版式、环扉、书脊的图书形式精心装帧设计的一系列行为。在诸环节中,图书的封面、版式的创意策划是重中之重。

二、图书制作创意与策划人员的基本素质要求

图书制作创意与策划人员主要是指美术编辑、版式设计人员,其应具备的基本素质主要有以下几个方面。

(一)具备图书编辑知识

当一本图书交给美术编辑后,美术编辑必须大致阅读图书的内容,熟悉图书的主旨和风格,然后才谈得上构思封面。为了熟悉图书内容,美术编辑可以多和文字编辑沟通,多听他们的建议,以便尽可能接近图书内容所要求的标准。由于出版社所出版的图书涉及各种题材,内容各不相同,所以要求美术编辑有较广的知识面,平时注意各类知识的积累。

(二)具备电脑设计知识

善于运用电脑设计技术和美术手段表达时尚。由于电脑设计封面已被普遍使用,图书封面色彩之丰富、构图之新颖、内涵之厚重、风格之多样,是前所未有的。美术编辑要敏锐地感受时代的变化,使自己设计出来的图书封面能跟上时代的潮流,不被淘汰。

---

① 要力石.实用图书策划学[M].北京:中国书籍出版社,2007:199-223.

(三)具备丰富的想象力

丰富的想象力是图书封面设计者必备的一种素质。除了天赋外,设计者还需后天培养艺术思维模式、艺术修养及功力、艺术见识和艺术创作热情。策划人员特别是美术编辑要在增强艺术修养上下功夫,虚心借鉴众家之长,在借鉴的基础上努力创新。

(四)具备一定的胆识和魄力

图书制作策划人员需要具备一定的胆识和魄力,勇于突破常规,在敢于超越别人的同时,也敢于突破自己。这里的常规包括一些传统的艺术规律,例如黄金分割律等。

(五)紧跟先进的专业技术

如近年出现的按需印刷、不出片子可直接印刷的 CTP 印刷等,成本都低于普通印刷的成本。几乎每年都会有新的工艺技术出现。

三、图书制作创意与策划的要素

(一)封面的创意与策划

1. 要有新创意

从表面上看,有创意的封面构图有新意,让人就看一眼记住了,其实它是有深刻含义的。通过阅读封面,读者感受到了画面背后的东西,确切地说,是触摸到了图书的灵魂和真谛。比较常用的方法:一是双关语汇,即通过封面的构图使读者悟出另一层意思。二是通过构图、色彩、画面、格调等创造一种氛围,将读者引入意境,使其深受感染和震撼。

2. 要有视觉冲击力

在当今普遍采用计算机设计图书封面的情况下,这一点从技术上不难做到,可以把书名或者图画设计成立体的。如新华出版社出版的《中国吸毒调查》的封面,全黑铺底,书名的六个粗黑体的反白字在左上位置,占总封面的 50%,绝对醒目、大方。除了著者的名字外,还有六行广告语推介该书。此外,此书的封面还有一处点睛之笔——右下方有一朵红色罂粟花,发人深省。

3. 要有表达力

图书封面要有表达力,充分表达主题。这里的主题是指图书内容所表达的主旨。封面是依附于图书内容的,是为图书内容服务的。封面设计得再漂亮、再动人,如果游离于图书内容,无异于南辕北辙。比如时代文艺出版社的《余秋雨语录》的封面设计主题突出,简洁规整,反差强烈。整个封面的底色是纯黑色,上半部只有余秋雨的彩色头像,表情凝重,气势不凡;下半部只有反白字的书名,而且是最传统的长宋体,体现学术味道。这样的封面让人一见难忘。

4. 要有独特性

追求独特,追求奇异,追求与众人迥异的构思和风格。这类封面的图书放到书店里,会被读者一眼选中,读者对它的感觉可用两个字来形容:意外。

(二)其他部分的创意与策划

1. 开本

开本又叫开型,是以一定规格的整张印刷纸张,采用不同的分割方式所形成的图书成品尺寸规格。不同的开本适于不同情况,比如经典著作、学术著作一般采用 16 开或者大 32 开,给人以厚重的心理感受。散文则往往采用小一些、窄一些的开本,显得“清秀”。所以,一要根据图书内容的性质选择开本;二要根据书稿的篇幅选择开本;三要根据图书的用途选择开本,如旅游手册就要选择小一些的开本;四要根据阅读对象选择开本,如儿童读物字数少,可选择小一些的开本。

2. 书脊

书脊又称封脊,指封面与封底的联结部位。书籍的内文页形成一定厚度,经过装订后,便在书籍的订口部位形成了书脊。读者通过书脊识别图书的名称、作者、出版社等。一般而言,书脊的设计要与封面设计的风格一致,并常常重复使用封面的一些要素。有时,书脊与封面、封底或者多本书的书脊可以共同构成一张完整的画面。比如张守义先生设计的《巴金选集》共十册,当把十册排列起来时,可以看到书脊展示的是一幅根深叶茂的大树画面。为了画面的连接,张守义先生还特意把书脊设计成了方脊而不是圆脊。张守义先生说:“我之所以这样设计,是因为书籍放在书架上的时间要比被阅读的时间长,书脊上的图案有机会长时间露在外面。”

3. 封底

20 世纪 70 年代,我国出版的图书封底大部分是空白的,没有设计。现在的封底,包括图书的内容简介、作者简介、封面要素的重复、责任编辑信息、装帧设计者信息、条形码等。

4. 勒口

勒口是指书的封面和封底的书口处再延长若干厘米,向书内折叠的部分。

5. 环衬

环衬是指在书籍的封面与书芯之间,位于扉页前面的对折双连的两页纸,作为衬页,人们称之为环衬,是“连环衬页”的简称。在封面之后、扉页之前的称为“前环衬”,在书芯之后、封底之前的称为“后环衬”。将单环扉页用同类纸张印刷,称为“环扉”。

6. 扉页

扉页也叫门页,指封面或者环衬页之后的那一页。扉页的背面可以是白页,即扉页的背白。

7. 目录

包括目录的版式和内容两方面,要根据书的内容、风格来确定。①

案例:《羽毛》——精美别致的设计

《羽毛》是中国少年儿童出版社出版的一本在题材内容、主题意蕴、装帧设计、图书风格等方面都超凡脱俗、精美别致的中国原创绘本,本书由中国著名儿童文学作家曹文轩和巴西著名插画家罗杰·米罗联手创作。《羽毛》的精心策划和成功出版成就了世界出版史上的一段佳话。

罗杰·米罗调动自己全部的艺术才华投入《羽毛》的插画创作,为了艺术表现的需要,他运用了不少中国化的元素,画面既丰富又干净,流露出中国文化骨子里的淡定与清雅,与文字珠联璧合、相得益彰。出版方对《羽毛》的印装极为重视,力图使其和一流作家、一流画家的水准相匹配。他们采取了与国际接轨的装帧设计,采用了精装布质封面、特殊纸内文、烫漆、专色印刷等多种工艺,把《羽毛》真正打造成一本超一流的文学艺术精品。

---

① 要力石.实用图书策划学[M].北京:中国书籍出版社,2007:252-267.

国际安徒生奖评委会主席玛利亚·基尔女士对《羽毛》的故事和装帧设计赞赏有加。国际儿童读物联盟主席赖泽·卡鲁丁也非常喜欢《羽毛》,他说:“每次读到好的故事,尤其读到出色的绘本故事,我总是很兴奋。曹文轩先生撰写的一根羽毛寻找‘我从哪里来’的答案的美丽故事,配上罗杰·米罗绚丽动人的画面,让每个读者都身临其境。”他还说:“国际儿童读物联盟的使命之一就是推动高质量儿童图书的出版发行,坚信儿童应当多接触文学与艺术水准俱佳的作品,我们高兴地看到这本书实现了国际儿童读物联盟的使命。一个来自中国的作家和一个来自巴西的插图画家成功合作,推出这么棒的一本书,让我非常高兴,相信此书会吸引众多读者。”很多读者对《羽毛》的第一印象是:凝练的故事加绚丽的画面,再加上精致巧妙的装帧设计,使《羽毛》成为一个艺术品,给人以美的享受。①

第五节　图书营销的创意与策划

一、基本概念

图书营销的创意与策划是指发行人员通过组织各种有利于扩大图书社会影响力和吸引读者购买图书的宣传造势活动,采取主发、包发、直销、铺货、团购、邮购、网上售书、组织书友会等多种营销手段,努力提高图书发行量的营销策划行为。

图书营销的创意与策划的目的非常明确,即提高图书发行量,通过采取变化多样、富于创意的手段引导读者消费。它强调的是更为积极主动、有更多的谋划因素在内,并且精心组织实施的图书推销活动。

二、图书营销创意与策划的具体方法

图书营销策划的方法多种多样,几乎每一种图书都有适合自己的营销策划方法和方案。将一种畅销书的营销方法套用到另一种图书上是很难成功的。我们所要研究的是大致的规律和方法,或者说通过这些规律和方法的研究给营销人员以启发。

---

① 羽毛[EB/OL].(2014-02-28)[2016-05-02].http://blog.sina.com.cn/s/blog_7c0369230101d9yx.html.

(一)全程营销

全程营销又叫立体营销。这种营销战略包含一系列行动,即5PS:市场调研(Probe)、产品(Product)、价格(Price)、促销(Promotion)、分销渠道(Place)。

(二)造势营销

造势营销是指制造热点以引起读者和市场关注的营销策划方式。其方式基本上分三个步骤:(1)先期炒作,引起媒体初步关注;(2)制造热点,利用媒体推波助澜;(3)举办富有创意的图书首发式。

(三)联动分销

联动分销是指全国或者某几个城市在同一时间推出一本图书的营销方式。这种营销方式的优势是规模大、声势大,有利于扩大图书的影响,缺点是不易操作。如《哈利·波特5》就是全球同步发行的。这种营销方式对策划部门的总体实力提出了相当高的要求。

(四)创意营销

从广义讲,所有的营销都具有创新意义,都是创意营销,这里的创意营销特指完全不同于传统方式的、让人感到耳目一新的营销方式。虽然从营销战略上讲,创意营销仅是手法的创新,但它对于图书营销和扩大图书的影响起到四两拨千斤的作用。[1]

案例:从《独唱团》看韩寒的反向营销

《独唱团》由青年作家韩寒主编,从内容到版面设计都创意十足。

《独唱团》从筹备之初就备受关注,2010年7月6日《独唱团》全国统一上市,首印50万册,上架不到三天,全部售罄。

《独唱团》的成功除了韩寒个人的影响力之外,很大程度上依赖的是"反常"思维的营销策略。

第一反:"反"正常逻辑书名

从公布信息、网上征名到尘埃落定,半年后最终确定名称为《独唱团》,

---

① 要力石.实用图书策划学[M].北京:中国书籍出版社,2007:296-303.

为的就是吊足读者胃口,最后以反常的名字吸引读者的注意。

第二反:“反”常规稿费标准

在《独唱团》八字还没有一撇的时候,韩寒就开始放出征稿信息。普通稿件 1000 元/1000 字,已发表过但被韩寒摘录的文章 500 元/1000 字,这种稿费标准可谓是史上奇高,引起了百万网民对《独唱团》的关注。另外,《独唱团》还设立了最差观点和文笔的文章,以 250 元/1000 字的充满戏谑意味的酬劳调侃群众,引得空前关注。

第三反:“反”传统宣传手段

在筹备《独唱团》的一年中,韩寒几乎拒绝所有宣传活动,关于《独唱团》的消息九成都只通过博客发出。《独唱团》的期待群体又几乎为 80 后、90 后等互联网一代,通过网络口碑营销是绝无仅有的最好最省钱的方式。

第四反:“反”广告赞助商

《独唱团》自诩:不设广告,不接受赞助,这可谓又一大“反常”特征。在《独唱团》的内页中,只有插画、注解、摄影作品。给人一种“纯文学”的质感,在出版前就赢得了口碑。这一营销手段使韩寒以身作则地诠释了如何以反商业的面貌赢得商业上的巨大成功。

第五反:一波三折,诞生过程“反常”

这是这场营销事件最大的成功之处。从 2009 年 4 月 19 日韩寒首次公开发布其主编计划,并开始公开征稿,征求书名,到 2009 年 10 月 27 日韩寒宣传《独唱团》于 11 月底上市,随后一再拖延,因尺度、因限制话题无法印刷、无法上市等波折,使得这件事火速升温,大众期待值不断攀升,带来了一种“饥渴营销”的效果。直到 2010 年 7 月 6 号《独唱团》终于千呼万唤始出来,被抢购一空。

这就是《独唱团》的“独”到之处,从编者到书名到设计,连营销策划都不走寻常之路。这一系列的“反”达到的就是极致的营销效果。①

---

① 《独唱团》“五反”式另类营销[EB/OL].(2010-08-30)[2016-05-02]. http://ff40gdh. blog. 163. com/blog/static/1699734952010727 2333574.

本章小结

图书策划是指出版人以图书市场的需求为导向、以读者的阅读心理为依据，在对所策划图书进行准确的市场、读者定位的基础上，通过对图书出版各个环节的精心筹划、精心组织、精心运作，使图书投入市场后迅速得到市场认可，并取得良好社会效益和明显经济效益的出版行为。

图书选题的创意与策划是指出版社编辑人员及其他图书出版从业者，以强烈的创新意识、敏锐的市场洞察力和热情的工作精神，积极主动地筹划、组织图书稿件的一种行为。

图书宣传的创意与策划是指出版社的宣传策划人员或者编辑人员充分而巧妙地利用各种媒体的优势和通过举办富有创意的活动对本社、本社图书进行宣传造势，以扩大出版社影响力、图书知名度和提高图书发行量的一种谋划行为。

图书编辑的创意与策划是指出版社的编辑人员在对图书进行文字、版式的编校、选定过程中，从图书市场和读者的需要出发，使原创图书从内容到形式更加精品化，使引进版图书更加本土化的编辑行为。

图书制作的创意与策划是指出版社图书制作人员为了使图书形式更加时尚、完美和富于个性，而对图书进行以封面设计为主的版式、环扉、书脊的图书形式精心装帧设计的一系列行为。在这些环节中，图书封面、版式的创意策划是重中之重。

图书营销的创意与策划是指发行人员通过组织各种有利于扩大图书社会影响力和吸引读者购买图书的宣传造势活动，采取主发、包发、直销、铺货、团购、邮购、网上售书、组织书友会等多种营销手段，努力提高图书发行量的营销策划行为。

思考题

1. 请在中国出版在线网站(http://www.bookicp.com)新书榜上自选一种图书，写一份针对这本书的宣传策划案。
2“哈利·波特”系列图书在全球特别是在中国的大卖，是一个图书创意营销的经典案例，试用所学的知识对其进行解读。

参考阅读

1. 张芬之. 出版理论策划与实践[M]. 南宁:广西教育出版社,2000.
2. 宋连生. 图书选题策划学[M]. 北京:中国水利水电出版社,2006.
3. 要力石. 实用图书策划学[M]. 北京:中国书籍出版社,2007.
4. 官承波,要力石. 出版策划[M]. 北京:中国广播电视出版社,2010.

Chapter 5

第五章
报刊的创意与策划

通过本章的学习，你将掌握：

☑如何进行报纸的创意与策划

☑如何进行报纸新闻的创意与策划

☑如何进行杂志的创意与策划

第一节　报纸的创意与策划

报纸是以刊载新闻和时事评论为主的定期向公众发行的印刷出版物,是大众传播的重要载体,具有反映和引导社会舆论的功能。报纸的创意与策划是一种集体性的创造活动,从事这种创造活动的是由“核心层”与“外围力量”组成的集体。所谓“核心层”,是指领导并具体组织执行的那部分编辑人员,通常是报社总编辑、编委会成员、新闻采编部门的负责人等。他们组成专门的策划小组,领导与实施策划活动,是创意策划过程的组织者,策划方案的制作者,方案试行的指挥、监督者。所谓“外围力量”,指所有为报纸出谋划策、不固定地参加创意策划活动的人员,包括报社采编人员和管理人员,政府官员和从社会各界邀请参加献计献策的专家学者以及报纸的热心读者等。报纸创意策划正是在这样一种复杂而庞大的创作集体中,依靠不断的信息交流和思想碰撞,经过不断的比较、论证和修正才最终完成的。

报纸的创意与策划是一项难度极大的系统工程,通常历时几个月甚至近一年,一般在报纸创办或改版时才会启动。其创意与策划过程,大致可分三个阶段。

一、设计预备阶段

设计预备阶段是指从产生策划意图、着手准备到方案设计之前的一段时间。这一阶段的主要任务是调查传媒市场与报社内部情况,细分读者与广告市场,寻找报纸发展的空间。

(一)收集信息

1.收集信息的内容

(1)外部信息:构成报纸生存环境的、与报纸发展直接相关的信息。具体包括:①读者信息。包括读者的构成(年龄、性别、地区、职业等)、文化水平、消费心理与习惯、对报纸的评价等。②报纸管理者的信息。包括报纸领导部门对报纸的政策、法规、管理条例等。③报纸竞争者的信息。包括竞争对手的现状与动向、竞争对手在新闻报道方面的经验教训等。④报纸相关产业信息。包括新闻纸生产、现代通信设备生产等对新闻传播活动的规模、手段、效果产生直接影响的产业。

(2)内部信息:构成报纸内部环境的、与报纸发展直接相关的信息。具体包括:①资产信息。包括报社现有固定资产规模、资金实力等。②技术信息。包括报社现有技术设备、技术力量和技术水平等。③人才信息。包括报社现有采编人员及其分工、人员素质、工作状态、心理状态等。④管理信息。包括报社采编部门的设置、采编流程、人财物管理水平等。

这些信息是报纸策划的重要依据,因此在策划运作前期,必须建立收集信息的网络和机制,获取尽可能全面、准确、有效的信息。

2. 收集信息的方法

(1)外出走访调查。走访其他新闻媒介,走访有关部门的领导、专家学者,走访受众等,获取各类外部信息。

(2)读者抽样调查。通过抽取读者样本、发放问卷、统计数据的方法,获取读者信息。

(3)召开座谈会。邀请有关部门的领导、专家学者或受众进行座谈,组织报社内部工作人员进行座谈,获取有关的外部信息和内部信息。

(4)公开征集意见与建议。通过报纸发起征集意见与建议的活动,吸引社会各界为报社献计献策。

(5)内部个别交谈。与有关采编人员、管理人员个别交流,获取内部信息。

(6)文献研究。通过对有关报纸的文献资料的研究,获取对报纸设计有价值的信息。

获得信息之后,要对各类信息进行整理、分析,以明确报纸的现状和发展空间。

(二)细分市场

获得信息之后,还要对各类信息加以归类、处理,以分析媒介市场,发现报纸发展的空间。20 世纪中期,美国市场营销专家温德尔·史密斯提出"市场细分化"的概念,即根据消费者的不同特征,把市场分割为若干个消费者群,其中每个消费者群是一个子市场,各子市场都是由需求相近的消费者组成的,这些子市场间的差异比较明显。市场细分理论对于企业寻找目标市场很有意义。

报纸作为一种文化产品,在确定自己的市场定位时,同样可以借鉴这一理论。比如报纸的读者市场,可以按地理位置、经济收入、人口、心理等多重标准进行细分,再进一步分析每个子市场中已有媒介的市场占有情况,从而找到市场的空白点或薄弱地带,发现报纸发展的机会,确定目标读者市场。

案例:《华西都市报》的市场细分

在《华西都市报》创办之初,总编辑等人对报业市场进行了细致的考察,认为随着市场经济的进一步发展,我国将出现一批区域组合城市。四川的"经济一条线"——成都、德阳、绵阳、乐山,实际上已经在向这个方向发展,形成成都经济带。区域组合城市的读者群体人口众多,并且具有相近的生活方式和读报需求,而已有的省市机关报、城市晚报和其他专业性报纸,都不能满足区域组合城市市民的这种需求,于是,《华西都市报》定位"区域组合城市报",确定了办"市民生活报"的编辑方针,并对报纸的内容、形式和风格特色做了精心设计。报纸创办第一年就打开了局面,社会效益与经济效益都很好。①

二、方案设计阶段

该阶段确定编辑方针、设计方案,是报纸创意策划的核心阶段。

(一)确定目标读者,制定编辑方针

在充分占有和分析有关信息的基础上,创意策划者要根据对市场机会的分析,确定目标读者,即确定新闻传播的主要对象,这也是报纸编辑方针中最重要的一项内容。要确定受众群体是哪一类人,然后针对这一人群的特殊需求,结合报纸的性质、办报宗旨等确定报纸的传播内容、报纸水准和风格特色,最后设计报纸方案。确定目标读者要注意两点:

1. 读者群体的变化

对报纸来说,读者群体是一个结构不断变化的人群,策划者要在把握变化中不断明确自己的目标读者。读者群的改变,要求创意策划者确定新的目标读者,并以此为

---

① 席文举. 区域组合城市和省级晚报[J]. 新闻战线,1996(09):31-32.

依据重新设计报纸。

2. 目标读者的分解

报纸的读者群是一个比较宽泛的概念，在策划操作中，还要根据读者群的结构因素，进一步确定报纸不同的读者目标。报纸读者群的分解，在报纸策划中具有重要意义。策划者对于目标读者的解构，决定着他们对报纸内部结构的安排和各个局部的定位与设计。

在明确了报纸的目标读者以后，就可以根据报纸的性质、办报的宗旨进一步确定编辑方针中的另外几项内容：传播内容、报纸水准和报纸的风格特色，最终将这些内容在报纸方案设计中具体落实。

案例：《南方周末》对目标读者的分解

《南方周末》把具有中学文化水平，关心社会、热爱知识的人确定为自己的主要读者对象；同时考虑到周末报以自费订阅为主，几乎所有报纸都要进入家庭这个特点，该报主编认为："家庭成员的层次是很复杂的，几乎是整个社会的缩影，因此，周末版所设的专版和各版小栏目的设置，既要突出重点读者对象，也要照顾到各个层次的读者群。我们的方法是对每个次要的读者层的阅读要求和阅读心理作出分析，看看他们最喜欢读什么东西，哪些是我们可以提供的，哪些是不可能提供的，然后有针对性地为每个次要读者层开辟三两个小栏目，力求做到各种层次的读者都能从我们的报纸上找到他们喜欢的东西。"①

(二) 拟定与优选报纸设计方案

设计方案一般由策划小组责成专人起草，形成初稿后，经过多次讨论和优化选择，不断修改完善，直至定稿。

1. 鉴别、筛选

经过前一阶段广泛收集信息，策划者获得了大量的线索、意见、建议可供参考，在设计方案时，需要对这些庞杂的信息加以鉴别和筛选，去伪存真、去粗取精。鉴别与筛选一般要经过多次讨论、磋商来实现，有时出现意见分歧，还需要进行补充调查和反复

① 吸引读者的"魔法"——《南方周末》原主编左方访谈录[J]. 传媒天地，1995(05).

论证,通过权衡比较,作出最佳选择。

2. 创意、设计

策划者要充分运用创造性思维,进行设想、构思,形成报纸的总体构架。经过鉴别与筛选出来的好点子、好主意,可以用来填补、完善这一初具雏形的总体设计,使其每一局部、细节都更加精彩。比如需要统筹考虑报纸的总体结构、各版的出版频率、时间,形成合理的分布组合;具体到每个版面,又需要考虑具体的栏目设置、版面设计等。方案设计既要以系统观点把握报纸的整体结构与整体形象,又要以层次化手段处理每一个局部的设计,做到以科学的组合将优秀的局部集纳为优秀的整体,实现整体效果优于部分之和的目标。

3. 协调、完善

在方案设计的过程中,策划者要反复征求报社内部采编人员的意见,在一定范围内讨论方案初稿,及时发现问题,修改完善,最终形成能为大家普遍接受和认同的设计方案。

4. 比较、优选

一般而言,策划者会充分利用各类信息资源,照顾各方面因素,设计若干种方案以供权衡比较各种方案的利弊,选择最佳方案。方案优选应以整体效果为评判标准,而不能只看某一局部的效果;应以充分发挥报社内部潜力、扬长避短为评判标准,而不能以己之短攻人所长;应以低投入、高产出的效益原则为评判标准,而不能不考虑投入水平和风险因素。

三、方案试行阶段

方案试行阶段是指将报纸设计方案投入试行,以验证其可行性,最终修正确认的阶段。报纸试刊有时是公开进行、面向所有读者发行试刊,有时是在报社内部小范围内传阅。在这一阶段,策划者担负着部署任务、指挥操作、监督运行、修正方案等职能。试行方案需要注意以下问题。

(一)慎重选择试刊的内容

要根据时间、人力、财力、物力等条件,选择试行内容。原则上应选择方案中最主要、最重要的内容,以及改版时新增设的内容进行试刊。这些内容可行与否、效果如何，是检验策划成败的关键。

（二）慎重选择试刊的时间

试行方案的时间不宜选在特殊的日子。如节日期间，或有重要活动、重要会议的时间，因为此时正常的采编任务较重，有许多重要稿件必须刊登，难以保证试刊效果。而且在特殊时期公开试刊报纸，还会因为要发表一些重要稿件而影响试刊的版面，使一些应该试刊的内容不能按计划试行。

（三）适当把握试刊的次数

要根据报社的具体条件来决定试刊次数，一般不应少于两次，否则，一旦在试刊中发现了严重问题，无法在修正以后再次检查。对于新办的报纸，试行方案的次数应该更多一些，以全面检验报纸的定位是否合适、各部分设计是否合理。

（四）修正和确定设计方案

试行方案的目的是及时发现方案中的问题，尽可能在正式出报之前解决问题。因此，要注意收集方案试行后的意见反馈。报纸如果公开试刊，应有意识地增加发行量，对某些部门和个人免费赠送报纸，并主动上门征集意见，还可以采用召开座谈会等方式广泛了解社会各方面的反应。认真整理、分析反馈信息，采纳其中的合理部分，修正和确认设计方案。对试行效果不好的内容找出原因，作出调整，对整个设计方案做最后的修正和确认。

报纸创意策划方案通过试行和修正，正式运用于办报之后，还会根据客观需要不时地做局部的调整。因此，宏观层面上的报纸创意与策划是一个随报纸编辑出版不断接受反馈、不断调整的过程。[①]

案例：《新京报》战略策划

1.《新京报》战略

2003 年 11 月 11 日，全国第一家得到国家批准的，由光明日报报业集团和南方日报报业集团合作出版的跨地区、跨媒体的综合性日报——《新京报》在北京创刊。《新京报》的发刊词《责任感使我们出类拔萃》称：作为有理

① 郑兴东，陈仁风，蔡雯. 报纸编辑学教程[M]. 北京：中国人民大学出版社，2001：41-47.

想的当代中国报人,不能只向国外报业巅峰仰望,更要向本国史上难能可贵的报业传统致敬。知识分子的良心,从来就是奠定报业大厦的基石;知识分子的风骨,从来就是支撑报业大厦的脊梁。历史上的《京报》如此,《新京报》也理应如此。对国家和人民利益的看护,对理性的呼唤,对权力的制衡,对本真的逼近,对美好的追求,对公义的捍卫,对丑恶的鞭挞——这是媒体的终极价值,也是中国执政党共产党所倡导的价值,那就是“权为民所用,情为民所系,利为民所谋”。

2.《新京报》战略评析

(1)定位在科学的度势中

在《新京报》之前,北京本地的报纸媒体已有几十家,包括中央级的以及各部、委、局、署等主办的党报、行业报、专业报等,其中冠以“中国”字头的“国”字号报纸也有40余家,不少在国内有影响力的其他省市的报纸也纷纷抢滩北京。京城媒体的争夺战和遭遇战激烈非凡,其中北京当地的几家报纸,如《北京青年报》《北京晚报》《北京晨报》《京华时报》《北京娱乐信报》已切割了大部分的市场蛋糕,人称“五马争雄”。有人曾指出,北京平面媒体市场已趋于饱和,尤其是报纸,要在如此紧张激烈的市场竞争中拼出一个立足之地来,实非易事。

《新京报》的成功登陆,与它在战略策划中应用科学的理念和审时度势分不开。《新京报》的决策者认为,报业市场是不是饱和了,“不是几家平分秋色、不思进取的报纸说了算的,更不是几个一窍不通的理论枪手说了算的。退一万步讲,就算是饱和了,谁有资格剥夺消费者选择更好产品的机会和权利呢”?!《新京报》的决策者和从业者认为:北京报业市场最大的问题是诸侯纷争、群雄割据、独缺王者。作为一家矢志成为反映首都形象的报纸、一次媒体改革的尝试,《新京报》的策划者把制度建设放在了一个重要的位置上,以期用科学的探索和实践来摸索出一个新的传媒企业制度。

(2)浸润在艺术的氛围里

报纸是文化产品,也应该是艺术产品。当报纸带给人们知识、信息、娱乐、服务等相关媒体产品的基本效能的同时,也应该以艺术的手段和处理方式带给受众艺术的享受。《新京报》的标徽“长城烽火台”即给人以艺术的美感和享受。

一如当年的《南方都市报》不去模仿《新民晚报》一样,《新京报》今天所做的依然是创新和追求卓越,就像书法家、画家、歌唱家、雕塑家、音乐家追求个人的品位和风格一样。新京报人的创新理念是:不创新,毋宁死! 在他们看来,靠沿袭老式的传统,或者在低层次的水平上大家互相比试、自我满足、自我陶醉,是不会有根本的、质的飞跃的。

(3)抉择在哲学的思辨后

《新京报》的口号是:"负责报道一切。"《新京报》认为有责任报道一切新闻,追求新闻的终极价值;更有责任对报道的新闻负一切责任,包括政治责任、经济责任、文化责任和社会责任。

《新京报》靠另辟蹊径来寻求自身的定位和定性。新京报人认为:《新京报》不是"北青"的对手,不是"北晚"的对手,不是"京华"的对手,不是"信报"的对手,不是"晨报"的对手。在北京,它不把任何的报纸当对手。"我们根本上就没有对手。"这显然有点超然于物外,但又不脱俗于红尘的味道。说它超然于物外是说《新京报》在认识上、境界上已经站在了一个更高的层次上,因为"有质的不同",所以同质的竞争是可以避免的。说它又不脱俗于红尘,是因为毕竟它也是一份为受众服务的报纸,在某种程度上,它的生存法则和运作模式与其他报纸并无二致。它"没有对手",并不是说真正的对手不存在,而是在战略上予以忽略罢了。在业务及经营管理上,《新京报》不刻意学习别人、模仿别人,不到人家那里取经。而是希望别人有朝一日到它这里来取经,不想让既有的窠臼束缚了它创新的手脚,这是方法论的高明体现。①

第二节　报纸新闻的创意与策划

报纸新闻的创意与策划是微观层面的报纸创意与策划,指采编人员对新闻业务活动按新闻规律进行超常的、有创新的谋划与设计,其目的是更好地配置与运用新闻资源,使报道更具特色,获得最佳的新闻传播效果。

① 李建新.媒体战略策划[M].上海:复旦大学出版社,2006:271-281.

新闻事件是客观的,但是,新闻又是社会生活的产物,要由人来传播;在大多数情况下,新闻事件还是人的活动的结果。制定一个阶段或一个时期的报道要点,要求记者在某一时段重点报道某一方面的内容都属于报纸新闻策划的范围。

一、报纸新闻创意与策划的原则

(一)导向性原则

舆论导向正确,是报纸新闻创意策划的重中之重。报纸新闻创意策划的原则就是对发生的新闻事实有准确、深刻的把握,指导思想明确,思考问题深刻。

案例:《上虞日报》关于“朝核六方会谈”的新闻策划

《上虞日报》2006年5月31日刊发的新闻《和平心愿感动外交部长》,在舆论导向的把握上比较到位。该文的新闻事实是:上虞一位小学生为“朝核六方会谈”设计的会标得到了前任外交部长李肇星的首肯,并专门给这位名叫王偲婕的学生回了信,邀请她与父母一同出席2006年6月3日外交部首个公众开放日。在这里,新闻报道的视角是和平心愿感动了外交部长;新闻价值是小学生用独特的视角呼吁世界和平;要把握的舆论导向是“朝核六方会谈”。众所周知,“朝核六方会谈”是当时世界一个很敏感而又很棘手的话题,一旦把握得不好,就会引起不良影响。该新闻的记者从一件新近发生的、看似并不强烈的新闻事实突破,达到舆论引导的最佳效果。

(二)市场价值原则

报纸是报社的商品,这是由报纸本身的商品属性决定的。这种特殊的商品能否在市场上销售出去,让广大的受众接受,是检验其创意策划是否成功的标准。

(三)超前性原则

树立创意策划的超前意识,是指记者在新闻事实正在发生或者还没有发生之前进行创意策划。因此,要把握好几个基本点。

1. 要有高度的政治敏锐性

始终维护党和人民的根本利益,用这根红线来规范超前创意策划,同时要用高度的政治敏感来警示自己哪些该做、哪些不该做。如 2008 年 5 月 19 日出版的第 60 期《旅游新报》在关于汶川大地震的报道中，推出一个地震特刊，让美女在地震废墟里拍写真，严重违背了社会公德，造成了恶劣的社会影响。重庆市新闻出版局根据有关规定，给予《旅游新报》停刊整顿的行政处罚，免去该报社社长职务，撤销该报总编辑和副总编辑职务，并对相关直接责任人予以除名。

2. 要有较强的新闻敏感性

新闻敏感说到底就是如何捕捉新闻线索。线索来自新闻工作者不知疲倦的社会实践，它无处不在，例如各级领导机关、亲戚朋友、各类文件、谈话、报告、会议发言、简报等，“处处留心皆新闻”。有的线索对新闻记者来说，是“撞上”的，有的是“等上”的，还有的是自己“抓到”的，需要记者做大量的准备工作。

二、报纸新闻创意策划的运作程序

（一）广泛搜集素材

首先，要有专业智慧和敏锐的新闻触角。其次，要学会观察，提高挖掘素材中新闻价值的能力。第三，要做到宏观采访与微观采访相结合。第四，要勤于动脑，注重思考。每年 3 月 15 日国际消费者权益日前几日，很多报纸都会推出“3・15”专题，关注过去一年最常见、最突出的消费问题。专题往往选择贴近生活、贴近百姓的题目为切入点，比如《“打折消费”不明不白》《美容美发不明不白》等。[①]

（二）设计报道方案

在创意的基础上，初步设计报道方案，确定主题、体裁、风格等。2000 年 5 月，《北京青年报》为纪念五四青年节进行了新闻策划。该策划采取了“调查 + 访谈”的模式，就信念、机遇、挑战、实践四大话题对各行各业做出一定成绩的 50 名青年进行调查和访谈，通过理性的数据和感性的描述折射了当代青年心理变化的轨迹。《北京青年报》还用这种创意模式策划了“六一儿童节”50 名儿童、“七一建党节”50 名党员、“八一建军节”50 名军人、“教师节”50 名教师、抗美援朝纪念日 50 名健在的志愿军老兵等系列调查与访谈，形成了一系列有创意、有深度的新闻报道。

---

① 赵振宇. 新闻传播策划导论[M]. 武汉：华中科技大学出版社，2003：143.

(三)进行创意

通过搜集、整理相关素材,策划者对内容和形式进行创意,以期达到最佳的舆论宣传效果。比如《环球时报》的选题策划大都采用新奇点子的方式,它强调做好“热、冷、软、硬”四类题目文章。热题目,即当前国际新闻的热点,如热点人物、热点事件、热点话题等。冷题目,是传媒和人们不太关注的题材。这类题材犹如蒙了一层灰尘的珠宝,一旦发现立刻生辉,重新成为人们关注的焦点。硬题目,即政治敏感话题。软题目,主要是与明星名人有关的新闻。①

第三节　杂志的创意与策划

杂志又称期刊,是有固定刊名,以期、卷、号或年、月为序,面向社会公众,定期或不定期连续出版的印刷出版读物。一般杂志的刊期在一周到半年之间,每期版式基本统一。

杂志的创意与策划是指杂志的工作人员对其业务活动按照传播规律进行超常的、有创新的谋划与设计,其目的是更好地配置与运用传播资源,使其提供的资讯更具特色,获得最佳的传播效果。

一般而言,杂志的创意与策划包含两部分内容,一是对杂志本身的整体创意与策划,二是对杂志内容的创意与策划。前者包括市场定位、受众对象、营销策略等,后者包括杂志主题的创意策划、栏目的策划、具体报道的策划等。

一、杂志整体的创意与策划

(一)宏观思考

对杂志整体的创意与策划,思路要清晰,视野要宽广,思维要缜密。首先要做宏观思考和谋划,解决下列问题:杂志的目标定位,即读者定位;前景预测;栏目划分;页码数;广告插页;首页、扉页、封面、封底的图文安排;纸张选用等。其中,明确目标定位最重要,这关系杂志的生存与发展。赢利以广告为主还是以发行量为主或者以举办活动

① 李建新.媒体战略策划[M].上海:复旦大学出版社,2006:70.

为主，一定要事先想清楚。因为只有这样，才能找准杂志的读者群，实现杂志的办刊目的。专业性强的杂志，会专注于某个行业及相关产业，会把读者群分得更细，针对性更强。

（二）具体步骤

（1）明确自身优势。办刊团队优势在哪？擅长做哪类杂志？

（2）通过市场调研，确定杂志定位。找到杂志的目标受众群体，明确杂志的收入点。

（3）研究市场调研报告，进行SWOT分析。

（4）在上述基础上确定杂志内容，进行栏目的设计和规划。

（5）创意和策划杂志的视觉设计。

（6）制订市场推广及执行的计划，明确推广或发行渠道。

（7）做好财务等运营策划方案，包括杂志定价、成本核算、广告招商等。

（8）制订试刊发行计划。

（9）写出能够清晰反映主题、步骤、执行等内容的策划案。

二、杂志内容的创意与策划

（一）确立杂志的总体风格

办刊者特别是创意策划者，一定要充分了解自己杂志的细分市场。比如，《财富》始终坚持自己固定的读者群——中高级经理人、企业家，其杂志内容也相应集中于深度报道大企业、大新闻和大人物。当然，这样的读者定位必须建立在科学的（有时是定量的）调查、分析的基础上，因为定位很大程度上影响着杂志的编辑思想和风格。不少国外的期刊每一期都有读者调查问卷，及时了解、分析读者的反馈。世界在变，读者也在变化，杂志的理念也要随之改变。

（二）规划栏目

在确立了杂志的总体风格、明确了目标读者和主题后，就要做好栏目的规划。栏目的设置要与杂志的性质相适应，与社会的热门话题形成互动。

(三)确定报道内容

确定报道的内容与方式的同时,要考虑如何区别于竞争者。具体而言,有以下几个方面。

1. 不要过多抢新闻

因为抢新闻一旦运作不当,难免会出现不实新闻。杂志没有必要将时效性作为自己的首要目标,而要力争自己的报道经得起相对于报纸而言更长时间的考验,这就应该从资讯的深度和广度、文字和图片的质量,以及图文的有效结合等方面综合考虑。

2. 树立杂志的品牌

要懂得培养杂志在同行业中的特殊地位,树立起杂志的品牌。比如,《财富》杂志坚持做"500 强"栏目,并一直随环境的变化而不断调整和完善,从而奠定了权威地位,也为杂志带来了品牌效应,甚至成为企业描述自己的综合实力的参考标准。

3. 体现深厚的写作功底

如何让读者接受一篇长篇幅的深度报道?答案便是精彩的文章。编辑要把记者的文章加工成精品。《财富》就把新闻报道的品质提升到艺术的高度。对一个传统的记者和编辑来说,这是一个相当富有挑战的角色转变。杂志记者要是好的"笔杆子",杂志编辑更要具备较强的写作能力。

4. 树立竞争意识

随时要考虑的问题是:竞争对手是怎么报道这则新闻的?为此编辑可能会放弃或是重新来做本来已经做好的文章,原因就是要区别于对手。好的编辑应随时关注竞争者的动态,学会写竞争对手研究报告,充分了解他们的动向。

5. 擅长学习

杂志报道的创意策划者应该擅长学习,不断进步。时代在变,读者也在变,杂志如果不变,注定被淘汰。和企业一样,杂志业中的百年老店也寥寥无几,绝没有能以不变应万变的成功之道。

本章小结

一、关于报纸的创意与策划

在实际操作中，报纸的创意与策划分为宏观和微观两个层面。

宏观层面上的报纸的创意与策划，是一项难度极大的系统工程，是一种集体性的创造活动，是为办好报纸而做出一系列创造性决策的动态过程。这种层面的创意与策划，一般是在报纸创办或改版的时候才会进行，通常要历时几个月甚至近一年才能完成。其创意与策划过程，大致可分为设计预备、方案设计和方案试行三个阶段。

微观层面上的报纸的创意与策划，实际上就是报纸新闻报道的创意与策划。这是指采编人员对新闻业务活动按新闻规律进行超常的、有创新的谋划与设计，其目的是更好地配置与运用新闻资源，使报道更具特色，获得最佳的新闻传播效果。作为一种科学的方法，它在办报实践中已被广泛采用。

二、关于杂志的创意与策划

杂志的创意与策划是指杂志的工作人员对其业务活动按传播规律进行超常的、有创新的谋划与设计，其目的是更好地配置与运用传播资源，使其提供的资讯更具特色，获得最佳的传播效果。

一般而言，杂志的创意与策划包含两部分内容，一是对杂志本身的整体创意与策划，二是对杂志内容的创意与策划。前者包括市场定位、受众对象、营销策略等；后者包括杂志主题的创意策划、栏目的策划、具体报道的策划等。

思考题

1. 报纸的创意与策划包括哪几个阶段？
2. 杂志的创意与策划包含哪些内容？
3. 试做一个面向在校女大学生的网络报纸的创意策划方案。
4. 请针对你最感兴趣的领域，写一个杂志的创意策划方案。

参考阅读

1. 席文举. 报纸策划艺术[M]. 北京:中国社会科学出版社,2000.
2. 郑兴东,陈仁风,蔡雯. 报纸编辑学教程[M]. 北京:中国人民大学出版社,2001.
3. 涂晓华. 报刊创意与策划[M]. 北京:中国广播电视出版社,2009.
4. 王灿发. 报刊编辑与策划(第二版)[M]. 北京:中国广播电视出版社,2014.

Chapter 6

第六章 广播的创意与策划

通过本章的学习，你将掌握：

☑如何进行新闻类广播节目的创意与策划

☑如何进行服务类广播节目的创意与策划

☑如何进行综合类广播节目的创意与策划

广播是通过无线电波或导线向广大地区或一定区域播送声音、声像节目的大众传播方式,又是用电子技术装备起来的强大的现代大众传媒。广义的广播(Broadcasting)包括声音广播(Radio)和电视广播(Television),本章所指的是狭义的广播,仅指声音广播。

广播的创意与策划是指广播这一大众传媒面对市场变化和需求,在信息传播、运营的各个方面、各个层面所采取的具有创新性的策略和构思。

目前在业界的实际操作中,广播的创意与策划集中体现为不同类型节目的包装和推广,主要内容包括节目定位、节目细分、节目调研、节目源采编、节目整体包装以及节目创收等。

第一节 新闻类广播节目的创意与策划

相对于其他大众传媒,广播传播的最大特点是远距离覆盖与传播迅速,无须纸质的排版、印刷、物流,也不像电视需要较高的技术、较多的设备,在电波覆盖范围即可,这使得广播在新闻报道方面具有很大的优势。而在当下激烈的媒体竞争中,新闻更成为广播存在与竞争的主要方面。因此,新闻类广播节目是广播的根基所在。

一、新闻类广播节目的分类与特征

(一)新闻类广播节目的分类

1.消息型广播节目

在中国各地的电台中,消息型广播节目都是作为“主打节目”推出的,收听率也都较高,是受众获取信息的重要渠道,如中央人民广播电台的《新闻和报纸摘要》等。近年来,消息型广播节目在报道内容、广度、深度、形式等方面,都有许多新的创意与策划。

2. 杂志型广播节目

杂志型广播节目是指借鉴杂志多栏目的编排方式，用不同栏目、版块构成整体节目，它既有消息新闻的版块，也可以做深度报道，还可以对新闻事实进行评述。这类节目一般由若干不同内容、不同体裁、不同形式的节目版块组合而成，遵循“一线贯穿，跌宕有致”的基本原则。

3. 专题型广播节目

专题型广播节目以其对新闻事实做较详尽而有深度的报道见长。这类节目通过访问当事人、见证人、群众、专家学者、政府官员等，为受众提供客观、系统、全面、权威的信息。如果配合主持人简要的分析和画龙点睛的评议，传播者的意图就会更为鲜明，信息的组织、分析会更加有序，更能突出传播的服务性、交流的针对性，因而也更富有感染力，使受众产生共鸣，进而加强了新闻节目引导、沟通、监督的功能。

(二) 新闻类广播节目的特征

1. 个性

这是指新闻类广播节目内容要注意与主持人的个性风格结合起来，呈现出具有生命力的节目形象——充满魅力的“个性”。尤其是由若干不同内容和风格的栏目组成的版块杂志型节目，要求每个相对固定的栏目主持人有与之相对应的个性风格，这样也有利于树立节目或栏目的特色。

2. 忧患意识

这是指节目表现出的爱国心、民族情，是对国计民生的深切关注，对广大民众的尊重、理解、支持和鼓励。其中蕴含着正义、良心、新闻道德和社会责任。

3. 深度报道

这是指节目的深度报道以及深刻思维。在创意与策划过程中，有效实现“深度”特征的方法和途径有：

(1) 通过对社会热点问题的连续或系列报道，对社会舆论进行深层次的引导，更好地发挥新闻类广播节目的舆论导向作用。

(2) 通过对问题的现场采访和追踪报道，揭示新闻事件的社会意义，启迪观众。

(3) 通过节目主持人的现场采访，掌握大量的第一手资料，进行深入的调查研究，最终进行独立思考，提出新见解及有针对性的评述。

4. 评论

新闻类广播节目的评论主要有两种形式:

(1)即兴的评论。在节目中对新闻事实、社会现象等进行简短评述,以三言两语直击主题。

(2)独立成篇的评论。针对新闻事实或社会现象进行专门的评论,或开辟栏目专事专议。

这种"评论"特征主要是通过主持人的个性特点实现的:

(1)人格化、个性化。新闻类广播节目的评论与报纸有些差别,前者以主持人的身份进行播报以及评述。主持人与受众是平等的,内容的贴近性及谈话的交流形式,显示出了评论的个性特征。

(2)对象化。主持人针对具体的人和事进行议论,收音机前面的受众也感觉到主持人是和自己在平等对话交流,从而产生强烈的参与意识。

(3)全息化。主持人通过人际传播的方式来实现传播目的,因此,新闻类广播节目的传播是全息化的。在新闻类广播节目中,对非语言信息的创意与策划常常可以更为突出地体现主持人的评论特征和态度,例如不同的语气语调、情境状态等。

5. 创意

新闻类广播节目要突出一个"新"字,这是由新闻的本质属性决定的。把握新闻类广播节目的"创意"特色,也要同时在创意与策划过程中,从内容上把握贴近性、针对性,报道群众关心的、感兴趣的热门话题、热点新闻。

6. 栏目化

这是指节目必须具有固定的栏目名称、特定的方针、内容及与之相对应的节目形式,节目应定时、定量、定期播出。把握新闻类广播节目的栏目化特征,应确定主持人在栏目中的重要位置,发挥主持人的核心作用。

7. 编辑串联

新闻类版块节目多采用栏目化的框架结构,应巧妙地编辑串联不同栏目,发挥栏目的总体效果。

二、新闻类广播节目的创意与策划

(一)新闻类广播节目创意与策划的要点

1. 精心策划,富于创意

新闻类广播节目创意策划的最高境界是要不断追求新的选题即创意。精心策划可以使选题准确,选题成功了,节目就成功了一半。新闻类广播节目选题策划的核心在于创意,关键是把握最佳时机,对这两点的把握离不开政治敏锐与新闻敏感。

2. 独辟蹊径,选好角度

新闻类广播节目不仅要有好的选题,还要有好的报道角度,善于选择最佳报道角度和切入点,寻找耐人寻味、发人深省的主题,要把创意与策划的焦点集中在角度新、立意高、内涵深的层次上。

3. 敏锐观察,抓住热点

新闻类广播节目应选择公众关心的热点话题,善于发现已热和趋热的社会话题,在"热"字上做文章,对新闻事件的现象做大量的透视揭示其本质,进而引起受众的关注。

案例:《新闻 2013》节目的选题

1996 年,北京新闻广播推出了以"新闻 +年号"命名的晚间直播综合性新闻版块节目,从《新闻 1996》到《新闻 2013》,这个节目历久弥新,已走过 17 个年头。

北京新闻广播晚高峰时段综合性新闻节目《新闻 2013》时长 1 个小时,区别于北京广播市场同时段的其他节目,区别于其他同类综合性新闻广播节目,在节目结构、节目风格和编辑思路上都有其独到之处。主要表现为:强调本地新闻的挖掘、规避同质新闻扎堆编排、加强新闻的深度解读。自开播以来,这档节目一直采用的是"国内新闻 +北京新闻 +国际新闻"的编排顺序。

调整后的《新闻 2013》节目不但将本地新闻在时段位置上排列在国内新闻前面,而且在编辑理念上也把它置于最重要的地位。因此,"独家的本地新闻"就成了《新闻 2013》的打造重点。

此外,《新闻 2013》节目尽量避免将多条同质化信息做串联扎堆编排。

特别是将多条事故新闻串联编排,就不仅涉及听众听觉疲劳的问题,还会给听众带来不安感或焦躁感。这种情况下就需要适当取舍新闻:把社会关注度高的、与本地民众更贴近的留下,把影响面较小、比较个案的新闻舍掉。①

4. 精心研究,准确定位

对于新闻类广播节目来说,节目的定位至关重要。一般来说,有三个方面需要注意:

(1)明确节目的特定内涵,包括节目的宗旨、特点和风格。

(2)确定节目的功能、品位、对象、层次,力求分工明确、合理布局、档次搭配、雅俗共赏。

(3)明确节目的主次和时长,一经确定,就需要相对稳定。

案例:《新闻纵横》节目的指导思想和节目方针

中央人民广播电台《新闻纵横》节目在创意策划时就明确了这样的指导思想和节目方针:节目是为了配合早晨的《报纸摘要》和晚间的《新闻联播》进行深度和延伸报道的。其主要职能是对重要新闻事件做深入报道和背景分析,揭示来龙去脉、前因后果;对重大方针加以阐述,释疑解惑;发表一事一议、短小精悍的言论;对热点问题做跟踪连续报道;播发重要系列专题报道。《新闻纵横》在明确上述思想和节目方针的基础上,通过创意与策划,确定了栏目设置与定位,具体包括节目形式、名称、选题、播出时间、播出方式、栏目长度等。

(二)新闻类广播节目的构思

1. 构思的基本原则

(1)从对象出发。是指节目在构思时要有针对性,要从受众所关心的实际问题出发,想受众所想、急受众所急。

(2)从大处着眼。新闻类广播节目应该注重全局的设计,从大局着眼。如整体风格、主题、栏目框架和材料等,都应该考虑得全面、细致、准确;而其他比较次要的小段落、衔接过渡、语言修辞等细微处,不必过于拘泥,不能因小失大。

① 杨迪. 综合性广播新闻节目的编排创新——以北京新闻广播《新闻 2013》为例[J]. 新闻与写作,2014(01):83-83.

2. 构思的基本要求

在确立了节目的基本内容以后，要根据节目要求和受众收听心理，对材料进行位置和顺序的合理安排。在创意策划中，应该注意以下四个问题：

(1)整体性。整体性指的是主持人在节目构思时要讲究概念上化散为一，节目诸要素应结合成有机整体并发挥作用。

(2)顺序性。新闻类广播节目的顺序包括两个方面：一是具有线索性。事物的发展、人们认识的形成，都以时间为序，新闻节目的编排也应以新闻事件发生、发展的时间为序。二是具有条理性。新闻事件有内外、主次之别，新闻节目编排应充分考虑这些因素。强调顺序性的目的是使线索清楚、条理通畅，使受众一听就明白。

(3)严密性。指的是栏目之间、段落之间不能脱节，也不能生拼硬凑。栏目之间，栏目的头、尾和中间都要寻求它们的内在联系，力求有机过渡。

(4)灵活性。在实际的构思过程中，既要遵循创作的规律，又要灵活掌握、随机应变。

第二节　服务类广播节目的创意与策划

一、服务类广播节目的分类与特征

(一)服务类广播节目的分类

1. 专项服务节目

专项服务节目是从一个方面为听众服务，内容集中，听众收听目的性强，如盛行于各交通广播的“修车”节目。

2. 综合服务节目

综合服务节目融合了各方面的信息，听众短时间内就可以获取方便学习和生活的各方面信息，如综合了二手市场交易信息、征婚信息等的信息服务节目。[①]

---

① 董昉. 广播节目策划与制作[M]. 北京：中国传媒大学出版社，2007：110.

(二)服务类广播节目的特征

1. 注重节目的贴近性和实用性

想取得良好的传播效果,服务类广播节目内容就要贴近受众、贴近生活、贴近实际。如果缺乏贴近性和实用性,节目就丧失了生命力。

2. 注重节目的时代性

服务类广播节目是时代发展的产物,应根据不断发展变化的市场需要,不断调整报道内容、把握报道的时效性。

3. 注重节目的地方性

服务类广播节目要从地方实际出发,把地方特色作为创新突破口,从当地社会生产生活的实际出发,围绕受众关注的领域进行节目策划。

4. 注重节目的趣味性

服务类广播节目带领受众探幽寻奇,使其足不出户便能领略丰富多彩的生活、神奇的自然界。例如河北生活广播电台的《不听不知道》,通过主持人播报 3 ~ 4 条"新""奇""特""怪"的相关资讯,传递给听众实用的生活常识和生活感悟。

5. 注重传播对象的特定性

在对服务类广播节目进行创意策划时,应根据传播对象的职业、性别、年龄等特点和不同的心理需求,有针对性地设置节目与栏目。

6. 注重语言的对象性

语言的对象性指的是语言的表达要符合目标受众的语言环境和表达习惯。服务类广播节目的对象化语言风格是其赖以生存的特色之一,因此,在创意策划中,写作主持稿时要注意口语化、通俗化、朴实自然、亲切得体,要有与节目相适应的明显的个性特点。

7. 注重受众的广泛参与性

服务类广播节目的最大特色是受众的广泛参与及互动。服务类广播节目大多建立了互动平台,通过微信、微博、热线电话、短信、电子邮件等方式与观众互动。

二、服务类广播节目的创意与策划

(一)服务类广播节目创意与策划的要点

1. 准确

这是指介绍的知识、传播的内容要准确、真实、科学。服务类广播节目要根据特定对象的需要选取内容,做到有的放矢、针对性强。

2. 新鲜

这是指要主动求新。从内容选择开始就要求新。在创意策划中,要主动创意,不拘泥于现成的模式套路。

3. 实用

选材应以具有现实意义为主,以普及为主,以选取人们日常生活中所关心的、所急需的为主。

(二)服务类广播节目的构思

1. 构思的基本原则

(1)明确对象。只有明确对象,才能找准主题、选择题材,才能进行节目定位的构思。例如各电台针对学习而设的栏目。

(2)明确需要。服务类广播节目区别于其他类型广播节目的主要特色就是其服务功能。受众收听此类节目主要是为了享受实在的服务,因此在创意策划时,实用性的服务是构思的一个主要侧重点。例如各种购物、医疗、资讯类的节目。

(3)调动参与。受众已经成为服务类广播节目的一部分,如果在创意策划中没有构思受众的参与,节目也就失去了根基。例如目前的一些情感类、互动谈话类节目,都设置了鼓励听众参与的环节。

(4)具有趣味性。有趣的节目才能更好地吸引受众的参与。

2. 构思的基本环节

(1)精心选择和组合话题。一些容量较大、版块较多的服务类广播节目,要寻求版块之间的有机联系,增强整体效果。

(2)积极调动受众参与。在服务类广播节目策划之初,就要结合节目的主题、性质、对象等,尽可能地考虑如何使节目开放,如何使听众通过热线电话、短信、互联网等参与其中。

(3)掌握编辑串联艺术。编辑串联是创意策划的重要内容。中央人民广播电台的《午间半小时》以讲究编排串联、整体感强取胜,从形式到内容、从宏观到微观都非常讲究串联艺术。

第三节 综艺类广播节目的创意与策划

一、综艺类广播节目的分类

(一)传统型综艺广播节目

(1)节庆周年纪念类。利用有重大影响的各种节庆活动制作综艺类广播节目,成为广播的一个传统。

(2)表现行业特色类。一般是围绕行业确定的主题思想进行创意策划的综艺广播节目,具体包括公益活动、文体活动、颁奖活动类广播节目。

(二)游戏类综艺广播节目

在内容上,该类节目最显著的特点是"乐"字当头,融娱乐性、趣味性、表演性、知识性和参与性于一体;在创意上,定位应准确,善于抓住受众心理,体现出现代审美意识、参与意识和人文精神。

(三)谈话类综艺广播节目

谈话类节目借助现代传播的手段,把人们熟悉的、感兴趣的话题,以及人与人之间的亲切、真实、自然的谈话,传到人们的耳际,拉近了传播者与受众的距离。广播谈话类节目在很大程度上得益于广播媒体中热线电话的介入,其传播特点是把人际传播引入大众传播,主持人、嘉宾与受众在同一时空中有问有答、你来我往、彼此呼应、平等谈论、亲切交流,在进行了通常意义上的人际传播的同时,也完成了大众传播的过程。①

---

① 张薇.如何做好广播谈话类节目[J].西部广播电视,2013(12):89-90.

二、综艺类广播节目的创意与策划

(一)综艺类广播节目的选题定位

1. 思想定位

在创意策划中，选题要有思想性，将思想性、欣赏性、娱乐性有机结合，让受众在身心愉悦中感悟真、善、美。

2. 节目定位

所有的创意与策划都要围绕节目宗旨，如栏目设置、受众对象、选题选材、主持风格、节目形式等。

3. 品位定位

既力求节目品位的大众化、平民化，贴近普通受众的日常生活、引发受众的共鸣，又要通过具有立意的内容发人深省。

4. 栏目定位

栏目是构成节目的基础，其定位准确与否直接影响到节目定位。在栏目定位过程中，要突出主要栏目、主打栏目。栏目定位贵在精心设计、精心构思，做到求新、出奇。

5. 主持人定位

要考虑节目如何为展现主持人的才华提供广阔的空间，要注意节目的定位与主持人的定位相吻合、相得益彰。

(二)综艺类广播节目的构思

1. 构思的基本原则

(1)审美价值原则。综艺类广播节目应具有较高的审美价值，将受众带入审美的范畴之中，提升节目的品位。

(2)娱乐价值原则。受众期望通过收听综艺类广播节目获得娱乐和消遣，因此，构思必须从满足受众多层次、多方面的需求出发，使节目生动、热烈、欢快、幽默，加上现代科技提供的听觉冲击，保证节目的娱乐价值。

(3)教育价值原则。受众在收听节目时，会在节目潜移默化的影响下，发生观念上的转变。因此,把握教育价值原则,是节目取得经济和社会两方面效益的关键。

2. 构思的基本环节

(1)收集材料:基础环节。在这个环节要注意三点:①搜索:在综艺类广播节目总体构思的指引下,对相关材料进行选择、收集。②再认:把收集到的相关材料进行筛选,优胜劣汰。③整合:把经过反复筛选的优质材料按照创意与策划的步骤和要求进行整合汇总。

(2)提炼思想:核心环节。这是对材料进行排比、联想、分析、综合的环节。节目思想提炼有两种基本取向:①从材料到思想,称为归纳提炼,即在揭示诸种材料内蕴的基础上升华形成节目的中心思想。②从思想到材料,称为演绎提炼,即从某种理论或方针、政策出发分析材料,在揭示其特点的基础上抽象出新的思想。

(3)结构布局:表现环节。结构布局主要是为节目寻求恰当的表现形式:①统一:就是将各单独的部分有机串联起来,紧紧围绕主题。②和谐:就是合理安排各个构成部分,在内容分量、时间长短、插播资料分布以及节奏、韵律等方面,形成协调的关系。③新颖:就是调动广播特有的各种手段和表现方式,恰当搭配,以独到、多样的节目形式强化视听印象。④方便:就是尽可能按照受众的认知方式和接受习惯安排内容和形式,以雅俗共赏的内容和喜闻乐见的形式赢得受众。

本章小结

广播是通过无线电波或导线向广大地区或一定区域播送声音、声像节目的大众传播方式,又是用电子技术装备起来的强大的现代大众传媒。广播的创意与策划是指广播这一大众传媒面对市场变化和需求,在信息传播、运营的各个方面、各个层面所采取的具有创新性的策略和构思。

目前在业界的实际操作中,广播的创意与策划集中体现为不同类型节目的包装和推广,主要内容包括节目定位、节目细分、节目调研、节目源采编、节目整体包装以及节目创收等。新闻类广播节目、服务类广播节目和综艺类广播节目因节目内容、特征等的不同,它们的创意与策划各有不同的要求和重点。

思考题

1. 新闻类广播节目的创意与策划包含哪些内容?
2. 服务类广播节目的创意与策划包含哪些内容?
3. 综艺类广播节目的创意与策划包含哪些内容?
4. 请设计一个讨论大学生阅读情况的广播节目策划案。

参考阅读

1. 李东. 广播节目策划论[M]. 北京:中国广播电视出版社,1999.
2. 董跋. 广播节目策划与制作[M]. 北京:中国传媒大学出版社,2007.
3. 傅珊珊. 广播节目运营实务[M]. 北京:新华出版社,2008.
4. 巨浪. 广播电视节目策划[M]. 杭州:浙江大学出版社,2009.

Chapter 7

第七章
电视的创意与策划

通过本章的学习，你将掌握：

☑如何进行电视节目的创意与策划

☑如何进行电视栏目的创意与策划

☑如何进行电视频道的创意与策划

广义的电视创意与策划是指电视行业从业人员结合时代特色、与时俱进,从新的角度、以新的观念,用电视语言表现传播内容,满足受众的精神、文化、娱乐需求。狭义的电视创意与策划是指创意策划者按照电视媒体的运作规律,对电视节目的选题、立意、采拍制作、播出销售等生产和运作过程进行总体筹划和论证,并形成具有指导性文案的一种电视创意行为。目前,电视的创意与策划集中体现在节目、栏目和频道这三个层面。

第一节 电视节目的创意与策划

电视节目指的是电视台播出的内容及其安排形式和播出方式,一般由六大元素组成:主持人、解说词、同期声、音乐音响、图像和字幕。电视节目是构成电视栏目和频道的基础和前提,其创意与策划是电视创意与策划最基本的部分。电视节目的创意是指在广泛搜集、了解观众收视情况的基础上,把握观众的收视心理需求,组织有关专家学者、同行集思广益,制定电视节目的整体战略。电视节目的策划是指策划者遵照电视节目的生产和运作规律,对电视节目的选题立意、采拍制作、播出销售等生产和运作过程,进行总体筹划和论证并形成具有指导性的文案。

一、电视节目创意与策划的核心:精品化观念

(一)电视节目精品化的概念

"精品"原本是商业领域的词语,指质量较高的产品。从字面上理解,就是精致的、精到的和精美的产品。在社会生活中,人们一般把"精品"视为内在品质较高、外在形式精美、有品牌效应的产品。从20世纪90年代初开始,"精品"一词不仅用于一般的商业生产领域,而且逐步延伸到文化生产领域。那些有较高的品质、内容精到、形式精美的文化产品也被称为"精品"。

从中国电视初创直到今天,"高质量"一直是电视从业者对于电视节目创作、生产与制作的追求目标。20世纪90年代以后,"市场化"不仅极大地影响着经济、社会领

域，也影响着文化领域。“精品”不仅是商业领域的专用词汇，也成为电视节目策划的一种观念。

（二）电视节目精品化的标准

1. 思想精深

电视精品要有健康的思想内涵，表现时代生活和时代精神，表现中华文化的精华，富于民族特色。比如凤凰卫视的《一虎一席谈》是具有理性思辨色彩的辩论类电视谈话节目，嘉宾一般都是话题相关方面的权威、专家学者、社会人士，能言善辩，现场讨论起来是唇枪舌剑、各抒己见，谈话交锋碰撞，引发现场和场外的脑力冲击、震荡。①

2. 艺术精湛

电视精品应该有完善的艺术形式，应是思想性和艺术性的完美统一，应是教育、认识、娱乐和审美功能的综合体现。比如阳光传媒旗下的《杨澜访谈录》定位锐意求新，突出人文观点和国际视角。栏目以精彩人物、精彩话题为主要特色，关注人的性格特征和独到见解，以历史的深度和广度，表现个体与社会的相互作用，寻求人类智慧的光芒，该节目让观众通过屏幕去感受那些平常可望而不可即的名人，抹去距离，建立沟通。②

3. 制作精良

在电视节目的整个生产过程中，从前期拍摄到后期制作，每个环节都必须严格遵守技术标准和规范，做到技术质量一流。比如凤凰卫视名牌栏目《锵锵三人行》的话题有着“饭桌上的谈话”般的轻松幽默以及“散”。“散”——大到时事政治，小到市井趣闻，而且话题基本上没有禁忌，没有瞻前顾后的顾虑，可谓直抒胸臆。形式上整个节目浑然一体，一气呵成，用广告自然分开。节目的谈话设置很自然，符合交谈逻辑与既往习惯。中间穿插视频，以激发谈话的兴奋点，增加谈话的角度与纵深，以显示时效性与可看性。《锵锵三人行》的演播室是利用电脑3D合成的一个不大却很有时空感的房间，背景玄妙且具有时尚感。嘉宾围桌而坐，三角形分布显得自然而稳定。在这样的氛围中，观众能够很快进入角色。③

---

① 史可扬. 电视栏目和频道辨析［M］. 广州：中山大学出版社，2007：30.

② 史可扬. 电视栏目和频道辨析［M］. 广州：中山大学出版社，2007：31.

③ 史可扬. 电视栏目和频道辨析［M］. 广州：中山大学出版社，2007：46-47.

4. 社会效益好

这个社会效益主要指作品思想的深度和艺术感染的力度在观众中所引发的共鸣,作品的时代精神和艺术生命力能经得起时间的考验。中央电视台创办的《电视诗歌散文》节目,宗旨是在众多综艺晚会和娱乐节目中打造一个诗意化的空间。其清新淡雅的风格满足了较高文化层次的观众对电视文学的需求,让热爱文学的观众通过这个节目欣赏、感悟、思索,达到心灵的净化、精神的启迪和审美的愉悦。

二、电视节目创意与策划的要点

(一)确定电视节目定位

这是节目制作人员对节目设置的目的和宗旨所做的事先划定,包括播出节目的思想内容、目标受众、节目样式、制作风格等方面的内容。

(二)确定电视节目的整体布局

从整体形式上对即将创作的作品进行规划、设计,使其符合表现主题的需要。具体操作时,要考虑以下内容:①确定创作思路;②确定框架;③设计段落层次;④安排结构层次。

(三)安排电视节目的结构

在这个方面,要遵循一个原则:符合客观事物的发展规律和内部联系,满足三个基本要求:完整性、新颖性、风格统一。

(四)策划节目选题

这是对建立在电视节目定位基础上的具体内容的策划。既要受制于节目的要求,又要灵活撷取生活中丰富多彩的人物、事件、话题等,以生动、鲜活、受众关注的选题去丰富电视节目。

(五)注重电视节目的品牌操作

品牌是媒体的形象,在电视节目的策划中,要把建立品牌意识、进行品牌定位、实施品牌经营作为一切活动的出发点和目的，将其贯彻始终。①

案例：湖南卫视《8090》节目的创新

湖南卫视《8090》节目是对情感类节目创新的积极尝试。它将视线对准80、90后，讲述情感经历、分析情感困惑、解决情感问题。凭借鲜明的主题、辛辣的话题、新颖的形式，开辟了情感类节目竞争的"蓝海"，以全新的节目理念和真挚的情感，引起众多年轻人的共鸣。

《8090》能够引起年轻人的共鸣，主要有以下几点原因：

1. 积极向上的节目理念，传递人文关怀

情感类电视节目是指以谈话、记录和事件重构等多种手法表现、展示和关注人类情感的节目。其浓厚的人文关怀、亲切的姿态，使受众受到潜移默化的熏陶和感染，契合了受众的心理需求。《8090》选题的原则积极、上进，摒弃丑恶、暴力、色情等负面因素。节目注重分析问题、解决问题，并进行积极引导，树立正确的价值观。

2. 细分受众群体，吸引年轻观众

节目定位是目标营销策略在电视传播领域的重要应用。面对节目同质化，《8090》节目组明确节目特性，科学定位受众群，形成自身独特的看点，有利于节目脱颖而出。

(1)定位青年族群

大多数情感类节目的内容比较宽泛，多是柴米油盐、悲欢离合的煽情故事，缺乏明确的受众群。情感类节目要走出发展瓶颈，就要探索新的模式，保证节目资源的独特性和差异化。《8090》通过细分受众，展现80、90后人群的思想与情感，打出了"中国青少年成长情感故事"的口号，与其他情感类节目进行差异化竞争，《8090》讲述的校园爱情、网恋、新婆媳关系等新锐话题，给人以反思，避免了重蹈覆辙，吸引了大批年轻受众。

(2)节目包装青春时尚

为了符合受众群的欣赏习惯，《8090》对节目包装也做了大胆尝试。节目包装围绕"年轻"下功夫，充满时尚、新潮的气息，符合湖南卫视快乐、年轻的频道整体风格。

① 胡智锋．电视节目策划学：第二版[M]．上海：复旦大学出版社，2012：7-9.

具体来说，节目通过多种剪辑和包装手法，加入娱乐元素，丰富视觉效果；主题曲《8090 的歌》旋律动感、歌词励志，尽显活力、时尚的风格；节目Logo 颜色鲜艳，片头清新活泼，给人耳目一新之感；外景拍摄采用 VCR 的故事重现，由时尚的俊男美女演绎角色，画面精致唯美，影像绚丽多彩，如同精美的偶像剧；音乐搭配也是节目的一大亮点，节目中穿插许多动听的青春流行歌曲，增加年轻色彩。此外，绚丽的灯光舞美效果也与节目的主题定位和风格相得益彰，增强了可视性，吸引了不少年轻观众。

3. 多元化叙事元素，强化传播效果

人们喜欢听曲折动人的故事，开端、高潮、结局不断吸引着观众的眼球。《8090》节目时长达 72 分钟，要想打动和感染观众，涉及如何讲故事，用什么方法讲故事。情景再现和现场讲述的表现形式，加上悬念设置、互动交流、矛盾冲突的细节处理，使节目叙事严谨而又丰富饱满，强化了节目的传播效果。

(1)悬念的设置和揭晓贯穿始终

《8090》注重剧情的铺陈，悬念的设置和揭晓贯穿整个节目过程中：节目预告片中提出疑问，展示委托人的情感问题或遭遇，吊起观众的胃口；讲述过程中又设置几个小悬念，制造兴奋点，增强故事的曲折性；事件结果怎样，为什么会有这样的结果，一步步揭开谜底，吸引观众持续收看。

(2)设置“8899 情感观察团”，构建多重交流空间

现代传播理论强调“以受众为中心”，受众是传播者服务的对象，他们有强烈的展示欲望，积极参与到节目中，也提升了节目的关注度。

《8090》中委托人先提出诉求，节目除了邀请两性情感专家答疑解惑外，还设置“8899 情感观察团”角色。“8899 情感观察团”包括学生、职员、各行业专家等，以青年人居多，也有经验丰富的妈妈团成员。谈话中，观察员随时插话互动，讲出自己的疑问和猜测，给当事人提出建议，疏导情感困惑。他们的意见也代表着观众的心声，和观众达成默契、达成共识。节目现场形成主持人、当事人、情感专家和情感观察团四组力量，构成一个交锋激辩的多重交流空间，这种“场效应”有利于增强现场气氛。此外，节目 VCR 还会采访嘉宾的父母、朋友或老师，从侧面展现当事人的情感经历，提高节目可看性。

(3)争辩的冲突,营造戏剧性

冲突直接影响了叙事的强度,冲突和叙事强度呈正相关,善于利用冲突能获得好的收视效果,极大地引发受众兴趣。《8090》不仅展现委托人和当事人之间相互指责、争辩的场景,嘉宾也会经常就某个话题发表自己的看法,有时男女嘉宾会得出不同的结论,言辞犀利,甚至展开激烈辩论。观点的碰撞、思维的交锋,呈现出具有冲击性的戏剧效果。但必须处理好营造冲突和真实性之间的平衡,保证节目的事件和人物真实,强化叙事的逻辑性和合理性。①

第二节　电视栏目的创意与策划

电视栏目是一种电视节目的编播形式,指电视台定期、定时编播的具有特定内容或特定对象的某类电视节目。一个栏目可以由内容、性质、功能或形态相近的若干节目组成,也可能是一个节目。电视节目编播栏目化,有利于观众根据自己的需求与兴趣进行选择。

一、电视栏目创意与策划的核心:个性化观念

(一)电视栏目个性化的概念

所谓电视栏目的个性化,就是指电视栏目拥有自己独特的传播内容和独特的表现形式,进而拥有自己独特的风格。如中央电视台的新闻杂志性栏目《东方时空》,新闻评论性栏目《焦点访谈》《新闻1+1》,新闻深度报道栏目《新闻调查》,谈话类栏目《实话实说》《对话》《艺术人生》,服务类栏目《生活》《中华医药》《养生堂》,文艺类栏目《综艺大观》《曲苑杂坛》,益智类栏目《幸运52》《开心辞典》,“真人秀”类综艺栏目《非常6+1》《星光大道》等。②

---

① 马海江.情感类节目《8090》创新特色探析[J].声屏世界,2011(01):31-32.

② 胡智锋.电视节目策划学:第二版[M].上海:复旦大学出版社,2012:14.

(二)电视栏目创意与策划的原则

1. 功能性原则

电视栏目的创意策划应该随着客观实际的变化而不断更新,使电视的社会功能得到全面发挥。

2. 层次性原则

包括两个方面:一是电视受众的群落层次,表现为人口统计学特征的不同;二是受众的需求层次,表现为受众需要的不同。栏目的创意策划要充分考虑这两个层次的交叉点,才能实现电视节目的对象化传播,提升频道的专业化程度。

3. 系统性原则

要求把电视台的各种栏目资源作为统一的整体来运作,体现在频道中,就是要发挥栏目的整体优势,实施最佳的编排策略。

4. 多样性原则

电视栏目内容的多样性是为了适应受众需求层次的多样性,栏目形态的多样性是为了适应受众群落层次的多样性。①

二、电视栏目创意与策划的要点

电视栏目策划方案对今后栏目运作有着根本性的影响。栏目策划是从根本上回答做什么、怎样做、谁去做、如何提升、如何持久这几个问题。

(一)栏目定位和设置

明确要策划的是什么样的一档栏目就要确定两个问题:一是栏目定位,二是栏目设置。栏目定位是任何一档栏目必须最先确定的基本特性。栏目设置则是栏目的定位细分和实现途径。

1. 栏目定位

(1)目标定位。这种定位通常是超越栏目正常运行范围的、有战略意义的原则要

---

① 史可扬. 电视栏目和频道辨析[M]. 广州:中山大学出版社,2007:281.

求，是战略地位、任务性质、时间目标、空间目标定位的综合。

(2) 总体定位。相当于我们通常所说的栏目定位，即栏目内容、形式的基本类型和特性的定位。

(3) 属性定位。通过属性定位，对栏目进行基本描述。栏目观念定位：适合哪个特定的收视人群以及他们的性别、年龄、职业、收入等因素的定位。栏目的时空属性定位：栏目时长、时段、播出周期、成长周期设计、媒体环境要求、制作水准和制作规模等因素的定位。这种定位常受客观环境和条件的约束，因此，它常常成为栏目的基本属性。

2. 栏目设置

(1) 设置原则。设置原则指以定位为指导，对栏目的整体架构、内容分类、表现形式、栏目特色和风格所作的原则要求。如对栏目的节奏、快慢的要求，主持人及其出镜风格和频次，栏目的目标属性定位的价值取向等。要先制定整体原则，一是通过它指导栏目设置，二是在完成设置后再用总体原则进行对照检查，微调修改。因此，总体设置原则是栏目结构、内容、形式设计的根本指导原则。

(2) 设置原理。栏目构成即栏目的结构形式和栏目的版块设置。例如版块名称的设置，既要考虑上下呼应和协调、起伏和递进，又要体现版块定位、富有冲击力和感染力，还要考虑市场接受的程度。

(3) 设置说明。设置说明是对栏目设置的系统表述，通常指在设置原则指导下，设置的特点、亮点的提示和特定媒体环境或制作环境下的有利因素、不利因素的说明和注释。

定位和设置的关系是：定位指导设置，设置体现定位；定位抽象，设置具象。但定位和设置必须形成一个完整的栏目方案，像工厂做的产品设计，为下一步策划确定对象。

(二) 机制建立和资源整合

以既定的栏目定位和设置为运行目标，科学整合可获得的人力、物力、财力资源，通过建立系统而有效的运行机制，包括控制与激励机制，实现栏目制作的正常化、秩序化。

机制建立和资源整合是栏目策划的又一关键，解决栏目怎么做、谁来做的问题。尤其在机制的建立原则、量化标准、考核的科学性等方面，难以把握准确和兼顾科学、合理、公正的原则。激励和制约的措施只有做到系统而完整,才能发挥效力;人员素质的分析、定位、开发利用实际上也是有效发现和激发人员潜能的途径。

(三)栏目包装和推广

如果将栏目看作一个产品,那包装和推广是其生产过程中不可缺少的组成部分。

1. 栏目包装

栏目包装包括栏目的视觉识别、视觉包装、音频包装等栏目文化识别系统。视觉识别是指栏目的名称、标识、主持人背景、记者采访服、采访车装潢及其他识别元素。视觉包装是指栏目的片头、片尾、片花、子栏目片头、栏目宣传片、栏目定位宣传片等。音频包装是指栏目主题歌、主题曲、片头曲、片尾曲、标识旋律等。包装在风格、流派、主色调以及对美感的协调统一等方面的要求不同,难度上也有很大差别。

2. 栏目推广

栏目推广即通过栏目主体和客体的全面宣传,使栏目迅速、深刻地被观众接受。它包括两个方面:

(1)主体推广。有意识地培养和宣传主持人、记者、编辑和栏目本身。

通过多级媒体的宣传,提高栏目知名度。也可以栏目名义做公益活动,与观众互动。

(2)客体推广。生动、形象地反映节目主题,有意识地提炼节目内容的可宣传信息,以便节目内容形成社会热点。

(四)咨询和创新

顾问咨询系统和可持续创新能力,有利于增强栏目运行的控制水平和可持续竞争力。

1. 顾问咨询

顾问咨询职能分为系统的建立、咨询制度的完善、反馈意见、分析调整、再一次反馈评估。咨询的形式多种多样,可以开展专项咨询活动,如召开研讨会、批评会,也可以开展专项社会调查,组织专家或观众座谈讨论,提出合理化建议等。顾问咨询系统应具有客观性、科学性、精确性。

2. 可持续创新能力

电视栏目始终处在同质化的竞争环境中,可持续创新能力是适应竞争形势的根本保障。可持续创新能力的心理特征有信息获取与分析、竞争环境分析和资源绩效分析。可持续创新能力的运行特征有定期反省、适时调整、系统培训、质量控制和机制更新。

概括起来,就栏目策划而言,策划方案的制定还与不同栏目所处的环境和情况紧密相关,需提炼策划重点。对于新栏目竞标策划方案,要把重点放在栏目运行的可行性、可信度和满意度认证上;对于独立制片人栏目方案,应重点阐述栏目运行的保障系统,如资金的有效组织和管理、抗风险能力、栏目质量可持续保障、制作场所设备的相对固定程度等;对于商业性栏目方案,应重点阐述广告推广、节目发行的价值、可实现程度。这些都是栏目策划范畴的内容,往往还是栏目策划的特色部分。①

三、电视栏目创意与策划的方案

电视栏目创意策划的结果是形成策划方案,它是策划流程的最后一个环节,是在搜集信息、确定目标、协调各个环节之后,对创意构思的落实。策划方案应包括栏目定位运作方式、方案撰写,其中的重要内容是栏目定位。定位是创意策划的一个重要内容,集中表现在内容与形式两方面。

(一)栏目内容与形式的定位

1. 栏目内容定位

(1)宗旨。宗旨是要解决一个栏目的意义问题,它大致规范了栏目的性质、内容、表现范围,同时也是形成一个栏目特色的重要标志。

(2)选题。要根据栏目的宗旨、性质、影响力、受众等,选择选题。①选题要有热点。选题要是当今社会人们普遍关心、和人们生活息息相关的话题。②选题要有时效性。选题要与当时的社会环境或某一特殊时段发生的重大事件相吻合。这一点对新闻栏目尤其重要。③选题要有独特性。选题要有唯一性,避免和其他电视媒体的同类栏目相冲突。④选题要有深入性。要善于从其他渠道的信息中,挖掘对受众有吸引力的、有进一步阐述价值的引头,并扩展开来。

(3)受众。一方面,要注意寻找受众群体的空白点;另一方面,要注意对受众群体进行新的分类重组。如中央电视台《经济半小时》将主要收视对象定位于25—50岁、

---

① 王学锋.如何进行电视栏目的策划[J].声屏世界,2002(06):54-55.

拥有较高消费能力和投资决策能力的高素质人群,并致力于更加贴近现实、关注民生,用大众化的社会经济新闻,拓展更为广泛的收视群体。

(4)文化品位。文化品位是一个栏目根据自己的宗旨、受众群等因素,对栏目内容文化程度的定位。电视是大众传播媒体,应以大众化为主,同时,大众传媒还具有教育功能、认识功能、审美功能,必须具备一定的文化品位。比如中央电视台《百家讲坛》的节目定位为:"文化品位、科学品质、教育品格。"

(5)民族特色、地方特色。中央电视台节目的定位有中国特色,各省、市、地方台则需要办出地方特色,这是由于不同地域、不同民族的受众在经济、传统文化背景方面的差异引起的审美心理的不同。

2. 栏目形式定位

(1)结构形态。①杂志式电视栏目。也叫版块式电视栏目,是指将不同的内容和形式的节目编排在一起的专栏节目。它集新闻性、知识性、文艺性等于一体,力求内容丰富、结构灵活、形式多样。②专题型电视栏目。即每期栏目由一个独立完整的报道构成,如《焦点访谈》《新闻调查》等都是用纪录片式、调查式的报道形式完成一期栏目内容的制作,具有一定的深度。

(2)表现形式。表现形式定位是指在节目选题设定之后,考虑节目内容的制作手法和播出形式。一般来说,制作手法要根据栏目的时间、性质、类别、地域等具体情况而定。栏目的表现形式多种多样,可以是短小精致的纪录片,也可以是专题报道;可以是人物访谈,也可以是对话形式;可以先期做好,也可以现场播出;节奏可以激烈,也可以舒缓。播出形式多种多样,要根据节目需要来安排。从时间上,可以分为直播和录播;从场地上,可以分为演播室播出和现场播出;从地域上分,可以分为本地独立播出和多台联合播出等。

(3)时段。确定时段是栏目定位的重要内容,需要考虑以下几个因素:①协调性。指栏目设置必须为整体服务,考虑相邻栏目之间的关系、衔接等。如《新闻联播》和《焦点访谈》的衔接。②对象性。指要根据栏目受众来确定播出时间。例如少儿节目不能太晚,小众节目不宜占用黄金时段,老年人节目可安排在白天等。同时还要考虑不同电视台相同类型栏目在播出时间上互相错开,以免产生"撞车"。③稳定性。指栏目一旦定位,不应随意变换。

（二）栏目运作方式

1. 编导核心制

从目前国内栏目运作情况来看，这种运作方式最为普遍，一些栏目制片人是挂名的，实际是由编导拿着经费操办节目。同一栏目中，不同编导的节目可能差异极大，往往是栏目中个性很强的几个编导各行其是，这种体制容易发挥编导的个性和积极性；从整体看，也容易造成栏目的散乱状态，影响栏目风格的统一性和连贯性。

2. 制片人核心制

制片人应掌握人、财、物的权力，控制整个栏目的版式、节目的形态，各个编导去实现他的意图。制片人给编导设置一种大的模式，不管谁做编导都必须按照这种大模式走。

3. 主持人核心制

主持人就是一种形象，这种机制比较容易打响知名度，主持人后面可能有庞大的制片人队伍、编导队伍和策划队伍。一个主持人的成功，就能使栏目抢夺市场，获得巨额利润。[①]《拉里·金现场》是美国有线电视新闻网的王牌栏目，该脱口秀栏目是政客们和明星们频频光顾的舞台。在主持人拉里·金时而紧迫、时而轻松、时而幽默的提问下，这些政客和明星们向公众展示他们职业和个人生活的各个侧面。1996 年大选时，总统竞选人纷纷通过他的节目向受众灌输各自的行政理念，而拉里·金也随之成为政治脱口秀的代表。[②]

（三）策划方案的撰写

栏目策划的信息收集、创意构思、媒体定位完成之后，就要编制策划细则，并付诸文本，形成方案。策划方案的写作过程是一个完善策划思路的过程。策划方案的文本还是供负责人审批的重要依据。

---

① 胡智锋. 电视节目策划学：第二版［M］. 上海：复旦大学出版社，2012：18.

② 史可扬. 电视栏目和频道辨析［M］. 广州：中山大学出版社，2007：44.

第三节 电视频道的创意与策划

20世纪70年代,美国电视业首先开办专业频道。20世纪90年代,专业频道获得了巨大的成功。目前,中国电视业也正在全力实现频道专业化。

一、电视频道创意与策划的核心:专业化观念

(一)电视频道专业化的概念

专业化频道就是以特定专业性的内容、面对特定服务对象所组合成的频道。每一个频道有它非常鲜明的风格和它的主打内容,形成统一性、个性和独特性,如女性频道、生活频道、法制频道、旅游频道、读书频道等。1999年后,面对国内电视市场的竞争和境外电视媒体的不断渗透,各省、区、市的电视台纷纷向频道专业化方向发展,近几年,各省级卫视又走了"特色定位"之路,实行差异化生存策略和综合频道特色化。这些趋势我们可笼统地称为"频道专业化"。①

(二)电视频道专业化的优势

1.有利于个性化栏目涌现

目前,我国的专业频道设置大致有以下一些:新闻频道、经济频道、生活频道、电影频道、电视剧频道、文艺频道、体育频道、科教频道、少儿频道、女性频道和法制频道等。与专业频道相适应的是一些特色栏目。如浙江电视台的都市频道面向城市生活,体现都市特征,适应城市收视习惯,设置了社会新闻类栏目《新闻速写》、市民话题栏目《谈话》、城市民风类栏目《大家》、都市时尚类栏目《动感布告》等一批特色栏目。

2.有利于品牌栏目生长

有了专业频道,可以集中资源,打造频道的拳头产品,培育品牌,并由此带动整个频道的发展。中央电视台第二套于2000年7月进行了大规模的调整,推出了全新包装的专业化频道——"经济·生活·服务"频道。这次调整的一个重要举措,就是对

---

① 胡智锋.电视节目策划学:第二版[M].上海:复旦大学出版社,2012:21-22.

节目播出时间进行重大调整，白天时段安排的名牌栏目有《中国市场信息》《商界名家》《金土地》，晚间安排的名牌栏目有《中国财经报道》《生活》《经济半小时》。由于品牌栏目的领头，整个频道的改版获得成功。中央电视台收视率调查公司调查结果显示，改版后的中央电视台第二套节目的观众满意度、收视率、忠诚度等都有不同程度的提高。

3. 有利于栏目内涵增加和外延扩展

专业频道的设立，可以使电视台对某一专业领域的题材做深度和广泛的报道。因为专业化使电视媒体有了较为充裕的频道资源，能容纳更多的定向节目内容来集中满足某些特定领域的需求。专业频道是以整个频道为单位进行定位划分的，只有按照各自的专业定位向纵深发展，才能充分发挥专业频道的功能作用。北京广播影视集团于2001 年 5 月 28 日挂牌成立后，北京电视台（由原北京电视台与原北京市有线广播电视台合并）第七套节目——生活频道，即围绕百姓生活，向纵深设置了“生活全天候”系列精品栏目：《生活全天候之专家门诊》《生活全天候之北京健康生活》《生活全天候之北京精品生活》《生活全天候之北京社区生活》。这些富有特色的栏目设计，使北京生活专业频道在电视理论界和实务界产生了较为广泛的影响。

（三）电视频道专业化存在的问题

1. 频道设置重叠，内容大同小异

目前，全国拥有各类电视频道 3000 多个，各省台除了上星频道为综合频道外，其余基本冠以专业频道名称。这些频道的名称惊人的一致，并且在内容类型、节目安排上大同小异。即使在同一区域内，频道设置的趋同性也很严重，一个省会城市同时拥有多个定位相同的频道不足为奇。

2. 专业频道不专业

由于受自办节目生产制作能力不足、内容市场资源匮乏、经营创收任务艰难等条件的制约，目前我国的电视频道仍难以坚持纯粹的专业方向。许多所谓的专业频道，实际上却是综合频道。

3. 收视份额少，广告收入低

收视率不高、过度依赖广告收入是目前电视专业频道存在的通病，广告收入的份额主要来自综合频道或大众化的综合频道。究其原因：其一，许多专业频道的自身定

位不明确,频道形象模糊,缺乏应有的吸引力。其二,广告主投放广告主要看收视率和千人成本,在这方面综合频道明显优于专业频道。

(四)电视频道专业化要处理好的几个矛盾

1. 综合化与专业化的矛盾

对于电视频道的发展方向,目前我国电视界的观点可以归纳为两类,即频道专业化与频道综合化。前者认为,频道专业化符合世界电视发展潮流和社会化大生产的需要,有助于满足不同观众群体对不同电视节目的收视需求。后者则认为,由于电视观众的时间及空间有限,所以应该在同一频道里集中不同内容的精品节目,频道改革应加强和完善综合频道,即频道综合化。

应该说,这提出了一个非常有代表性的问题,即如何在有限的资源频道内,兼顾频道的大众化和个性化,因为大众化是频道收视率的保证,个性化是频道得以立足的根本。因此,在电视逐步向分众化和窄播化快速发展的今天,是采取综合为主的频道模式,还是采用专业为主的频道模式,应该具体分析。但从电视发展的趋势看,专业化应该成为频道的基点,因为它代表了未来电视发展的基本走向。

2. "自我本位"与"观众为主"的矛盾

对于设置频道的依据,电视界有两种观点:一种认为,应该以节目内容为依据,进行频道规划设置,即以电视台为本位,有什么样的节目资源就创意策划什么样的频道。另一种观点认为,应该以电视观众的收视需求为依据,进行频道的创意策划,即根据电视观众的共同需求来创意策划频道和栏目。

频道的生存和发展,实质上是在竞争激烈的电视市场上寻找生存之路的问题。最基本的是面对两个市场,即观众市场和广告市场。就观众市场而言,观众对电视的需求,仍然是资讯和娱乐两大块;就广告市场而言,中国电视业大约95%的资金来源于广告市场,这意味着广告收入将直接影响甚至决定一个频道的命运。在这种情况下,以观众为本位是更为科学有效的,因为它对观众收视市场的细化和收视心理的尊重和满足,保证了频道可以生产出"适销对路"的产品,并能按重点收视群体的爱好来创意和策划节目,做到有的放矢。可见,应将观众市场的专业化作为设置电视专业频道的基本依据。

3. 计划模式与市场化的矛盾

在频道经营管理上,以中央电视台为例,目前主要采取两种模式:一种是自营型,即计划模式,就是频道由所有者经营管理,利益自享、风险自担,这是目前我国大多数电视台的频道经营管理模式。另一种是联营型,即市场化模式,就是电视台投入全部或部分频道、栏目资源与其他单位进行合作经营管理。在一定意义上,前者可以称作计划模式,后者可以称作市场化运作。

决定电视台经营管理模式的因素有很多,包括频道所有制形式、功能定位、财务状况、人才储备状况、节目源情况等。其中最根本的是功能定位和经济状况。例如中央电视台作为国家电视台,具有鲜明的意识形态特色,因而不可能像西方国家电视台,特别是商业电视台那样,完全实现市场化运作。在一些专业频道中最大限度地采取市场化机制,却是必然的趋势。

(五)电视频道专业化注意的问题

1.保持电视的传统优势

电视作为传统媒介的优势,在于它的大众性和普及性,它能够建立起一种社会共识,增强社会生活所必需的社会凝聚力。通过范围和阶层广泛的电视播出,它渗入到社会心理之中,在社会文化的整合、舆论和公共话题的引导、时尚的引领等方面起着其他媒体尤其是网络媒体无法替代的作用。相比较而言,网络最显著的特点之一就是为人们提供了互动性的个性化、专业化服务,这也正是电视媒体逊色于网络媒体的地方。在这个意义上,电视频道专业化——变广播为窄播、受众细分、对特定领域受众需求的满足等,可以看作电视对自身劣势的弥补,有其合理和可取之处。

但是,电视频道专业化的程度越高,受众市场的细分程度越高,就意味着电视媒介与网络的差异性在缩小,趋同性在增加,也就存在丧失电视的独有优势和特色的危险。而在市场竞争中,是否具有自己不可替代、舍我其谁的周到以及细致的个性化服务和特色,往往是决定其成败与否的因素。在电视频道的改版热、专业热的情况下,怎样既借鉴和学习其他媒体的经验和长处,又不丧失自己的传统优势,确实是应该认真思考的问题。

2.因时制宜,因地制宜

频道专业化并不是电视内部的孤立事件,它受到诸如电视产业经营、集团化进程等的影响,也与各地区的文化发展政策、文化管理体制等密切相关。我国的媒介体制存在着一个很大的矛盾。一方面,它的管理仍然是建立在行政区域划分的基础上的条块分割,每家电视台都有着大致相同的管理体制和经营理念,频道设置和栏目编排也大同小异。另一方面,各家电视台又纷纷“上星”,结果观众收看到的电视节目在一定程度上存在着彼此克隆、没有特色的弊端。以专业频道的设置来说,目前“上星”的30多家以省级为主的电视台,已经暴露出重复和“一窝蜂”的弊端,这既是极大的资源浪费,也制约了电视的发展。

因而,中国电视业只有真正地打破旧有的体制模式,尤其是打破条块分割的行政划分运行方式,实行跨越式、超常规的发展和跨媒体、跨地区、跨行业的经营战略,或者各地电视台被允许有充分的空间办特色频道和栏目,通过采取资本重组的集团化运行方式,电视频道专业化的发展才可能有一个良好的前景。

3. 适应我国电视新的运营规律

电视媒介必须遵循企业运营和发展的规律,改变传统的由国家拨款,公益化、行政化的事业化运营模式,转向自我发展、市场运作、以服务为中心的产业化模式。电视的生存和发展是靠赢得最大数量的消费者——电视观众和广告投资人而实现的。目前,我国电视台赢利主要依靠出售广告时段,从这个意义上说,频道专业化的成败,主要就是要看它是否吸引了广告,而广告收入与收视率呈正比例关系,收视率就成了频道的生命线。从理论上来说,专业频道由于观众更集中、针对性更强,会为广告主搭建一个更好的广告平台。但是由于专业化的频道本身如何定位并不是很明确,电视广告成本相对较高、知名度又相对较弱,广告投资人的投入并没有理论上那么乐观。目前,一方面,在市场竞争中,弱势、新生的专业化频道如果只依靠广告收入,还难以生存和发展。另一方面,从观众来看,中国大多数电视观众除了缴纳有线电视网络的月租费外,收看电视节目仍然是免费的。因此,无论从广告投资人角度还是从观众角度分析,频道专业化都面临严峻的挑战,有漫长的路要走。①

二、电视频道的规划设置

(一)电视频道规划设置的原则

1. 要突出传播主效果

电视媒体的传播目的决定电视传播的方向、原则和重点。在传播内容和方式选择上,要突出主要目的和主效果。

① 史可扬. 电视栏目和频道辨析[M]. 广州:中山大学出版社,2007:12-21.

2. 要努力适应受众需求

电视频道的定位直接决定着传播效果。我国电视媒体所体现的党和人民喉舌的属性，决定了媒体目的与媒体受众的需求一致。在设置频道时要体现出鲜明的群众性特点，体现人文关怀的思想和理念。

3. 要突出民族特色和地域特色

电视频道设置的大忌就是千篇一律，重复雷同，缺乏特色。作为一种文化传播活动，没有特色就没有生命力，一定要突出民族特色和地域特色。

4. 要坚持从实际出发

要认真考察了解运营好相应的电视频道所需要的人力、物力和财力，尤为重要的是，要充分了解节目市场，充分考虑运作该频道是否有足够的节目，节目源是否能够得到保证。

5. 要坚持少而精的原则

电视媒体的影响主要依靠播出好的节目，而不在于拥有频道的数量。能力有限应该坚持控制频道数量，努力提高质量，把频道办成精品频道。

（二）电视频道规划设置的方法

1. 做好市场调研

（1）了解收视市场情况，找准与收视市场的结合点。在普遍了解受众收视规律的同时，要尽最大努力了解本频道覆盖范围内受众的收视心理、习惯和需求，找准频道与受众需求的结合点和突破口。

（2）了解电视市场情况，既要了解同一覆盖范围内电视频道的总体情况，也要尽可能了解国内外同类频道的运营情况，借鉴成功经验，注意吸取教训。

（3）了解节目市场，做到心中有数。要经常关注节目市场的阴晴冷暖，保证频道运营中高质量节目的储备充足。

2. 更新频道设置的传统理念

要根据收视分众化的现实特点，根据频道多样化的实际，站在受众而不是媒体的角度，尝试从受众的现实特点和需求出发设置和划分频道。比如，从年龄结构出发，设置少年频道、青年频道、老年频道；从职业特点出发，设置学生频道、白领频道、农民频道;从地域出发,设置城市频道、乡村频道;从民族出发,设置民族频道等。

3. 寻找可能的空白点

随着电视业的繁荣发展,卫星电视的超强覆盖,有线电视从城市扩展到乡村,寻找一定收视范围内的电视频道的空白点已经十分困难,而寻找可以开办和操作、有较好前景的空白频道更是难上加难。要努力寻找可能存在的空白领域,根据自身的能力来填补空白。

4. 集中力量进行突破

设置频道要把理想状态和现实紧密结合起来,坚持实事求是,从实际出发,坚持宁缺毋滥的原则,避免盲目求大、求全和“四面开花”。要善于集中力量进行重点突破,保证频道的成功运营。①

案例:湖南卫视的频道创意与策划

1. 案例介绍

湖南卫视是华人电视圈知名的、具有强大影响力和号召力的以“娱乐”为主打的卫视频道。经过多年来的不断磨合调整,湖南卫视最终确定其频道定位为打造“娱乐、资讯为主的个性化综合频道”,以综艺娱乐及情感为主体的《天天向上》等栏目为观众奉送更加多样化的选择,《晚间新闻》为观众提供全方位的信息服务,《金鹰剧场》《经典剧场》等七大电视剧场为喜欢电视剧的观众提供了全方位的服务。

有了鲜明、准确的定位方针,湖南卫视开播后,先后推出《快乐大本营》《玫瑰之约》《晚间新闻》《新青年》《音乐不断》《有话好说》《天天向上》等一系列名牌栏目,在国内产生广泛影响,确立了频道的强势品牌地位。湖南卫视在推出精品栏目的同时,还特别注重打造名牌主持人,像何炅、汪涵等都是观众耳熟能详的知名主持人。

2010 年湖南卫视新开多档创新节目,为全国电视观众带来了更加丰富多彩的电视生活。健康生活、知识娱乐、婚恋交友、粉丝互动、电子商务、男性时尚、品牌订制剧等众多“中国第一档”节目,为湖南卫视构建了更为丰富、更具竞争力的品牌节目体系。娱乐的同时,在重大新闻报道中,湖南卫视也

---

① 史可扬. 电视栏目和频道辨析[M]. 广州:中山大学出版社,2007:278-280.

体现了极强的责任感。2010 年，湖南卫视仅用三天的时间制作播出了国内第一台青海玉树地震赈灾晚会，在众多品牌企业的支持下，募集善款超过 9 亿元，体现了主流媒体的社会责任感和强大的媒体感召力。

在广告效应中，湖南卫视投入大量的植入广告，广告影响力极大，如《丑女无敌》中联合利华携其清扬、立顿、多芬三大品牌，以强行植入、立体传播的形式穿插于整个电视剧当中。

2. 案例解析

众所周知，湖南卫视是较早对自身有明确定位的“上星”频道，针对其主打的年轻受众群，湖南卫视在娱乐类节目、电视剧、大型选秀节目方面，拥有强势地位。近来，依靠其强大的制作水平和创新能力，湖南卫视在这三大方面，更是有了长足的进步。其品牌实力和品牌价值已经成为全国省级频道中名副其实的霸主。

湖南卫视正确的品牌定位，不断地推陈出新，迎合大众的口味，寓教于乐，显得高雅而不低俗，在重大事件发生的时候，敢于创新，随机应变，体现大责大爱。这样的品牌形象深受众多观众的喜爱，观众年龄层次从儿童到老人，但最主要的还是 16 岁到 25 岁的广大青年。在网络媒体盛行的今天，湖南卫视的影响更是风靡全国，互联网上的视频新闻扩大了湖南卫视节目的传播，其受众不断扩大，而且影响日益深入。①

本章小结

广义的电视创意与策划是指电视行业从业人员结合时代特色、与时俱进，从新的角度、以新的观念，用电视语言表现传播内容，满足受众的精神、文化、娱乐需求。狭义的电视创意与策划是指创意策划者按照电视传媒的运作规律，对电视节目的选题立意、采拍制作、播出销售等生产和运作过程进行总体筹划和论证，并形成具有指导性的文案的一种电视行为。目前，电视的创意与策划集中体现在节目、栏目和频道这三个层面。

① 湖南卫视的传媒影响力[EB/OL].(2011-03-23)[2016-05-03].http://www.docin.com/p—156472376.html.

电视节目创意与策划的核心是精品化，应把握思想精深、艺术精湛、制作精良、社会效益好等几个标准，从电视节目定位、整体布局、结构、选题、品牌操作等方面入手。

电视栏目创意与策划的核心是个性化，应把握功能性、层次性、系统性、多样性等原则，从栏目定位和设置、机制建立和资源整合、栏目包装和推广、咨询和创新等方面入手。

电视频道创意与策划的核心是专业化，应把握突出传播效果、适应受众需求、突出民族特色和地域特色、从实际出发、少而精等原则，从做好市场调研、更新传统理念、寻找可能的空白点、集中精力进行突破等方面入手。

电视业成功的秘诀说到底还是节目。而要做出高质量的节目，除了改革节目产生机制外，就要依靠电视的创意与策划。

思考题

1. 请设计一个面向大学生的电视频道的创意策划案。
2. 请设计一个以大学生素质教育为主旨的电视栏目的创意策划案。
3. 请设计一个讨论大学生粉丝现象的电视节目的创意策划案。

参考阅读

1. 许永. 电视策划与撰稿[M]. 北京：中国广播电视出版社，2001.
2. 任金州. 电视策划新论[M]. 北京：中国广播电视出版社，2002.
3. 项仲平. 电视节目策划[M]. 北京：中国广播电视出版社，2002.
4. 游洁. 电视策划教程[M]. 北京：中国传媒大学出版社，2007.

Chapter 8

第八章 网站的创意与策划

通过本章的学习，你将掌握:

☑如何进行网站的定位

☑如何进行网站内容的创意与策划

☑如何进行网站运营的创意与策划

第一节　网站的定位

网络媒体是在新的技术支撑体系下出现的媒体形态,如BBS(电子公告板)、数字杂志、数字报纸、数字广播、网络视频、三维全景、桌面视窗等,它以网络为载体,但不局限于有线、无线网络,也不局限于手机、个人计算机(PC)等终端,具有数字化、网络化、多媒体、交互性等鲜明特征。

网站(Website)是目前一种主要的网络媒体,是指在因特网上,根据一定的规则,使用Html等工具制作的用于展示特定内容的相关网页的集合。简单地说,网站是一种传播工具,就像布告栏一样,人们可以通过网站来发布或获取资讯,或者利用网站来提供或使用相关的网络服务。

通常情况下,网站创意与策划包含以下内容:建设网站前的市场分析,建设网站的目的及功能定位,网站技术解决方案,网站内容及实现方式,网页设计,网站维护,网站测试,网站发布与推广,费用预算等。在实际操作中,根据不同的需求和建站目的,上述内容也会相应调整。

一、明确网站定位

(一)定位网站主题

所谓主题就是网站的主要题材。美国《个人电脑》(*PC Magazine*)杂志评出的2000年度排名前100位的全美知名网站的10类题材为:(1)网上求职;(2)网上聊天/即时信息/ICQ;(3)网上社区/讨论/邮件列表;(4)计算机技术;(5)网页/网站开发;(6)娱乐网站;(7)旅行;(8)参考/资讯;(9)家庭教育;(10)生活/时尚。

每一个大类可以继续细分,比如娱乐类可再分为体育/电影/音乐等大类。音乐类又可以按格式分为MP3、VQF、RA等,按表现形式分为古典、现代、摇滚等。除了这些最常见的题材,还有许多专业的、另类的、独特的题材可以选择,比如中医、天气预报、宠物等。同时,各个题材相联系或交叉结合还可以产生新的题材,例如,旅游论坛(旅游+讨论)、经典进球播放(足球+影视)等。按这样细分下去,创意策划的题材是取之不尽、用之不竭的。

对于题材的选择,以建立个人网站为例,有以下注意事项:

1. 主题要小而精

网站定位要小,内容要精。网络最大的特点是新和快,目前最热门的个人主页都是天天更新甚至几小时更新一次的。调查显示,网络上的"主题站"比"万全站"更能吸引受众的注意力。

2. 题材要是自己感兴趣的内容

兴趣是制作网站的动力,没有热情,很难设计制作出杰出的作品。

3. 题材不要太滥或者目标太高

题材太滥是指到处可见,人人都有。目标太高是指在这一题材上已经有非常优秀、知名度很高的站点,要超越它是很困难的。网络中有一个生存法则,叫作 No.1 法则,即在互联网上只有第一,受众往往只记得最好的网站,对第二第三名的印象则会浅得多。

(二)确定网站名称

在搜索引擎中输入一个关键词,搜索出来的结果可能会有成千上万页,访问者不可能有时间和耐件一个个访问,一个个比较研究。如果脑海中有一个网站的大概印象,大多数情况下,受众会直接在地址栏里键入这个域名。如果一个域名好记,又能很好地表达网站的内容及个性,吸引受众来访的点击率就会很高。

网站名称是网站设计的关键要素之一,为网站确定名称,有以下原则:

1. 名称要立得住

即要合法、合情、合理,否则就算是能抓住受众的注意力也不行。

2. 名称要易于记忆

根据中文网站浏览者的特点,除非特定需要,网站名称可以用中文或者英文,但不能两者混合。如一个城市消费娱乐资讯网站,英文名字为"colorclick. com",对应的中文名字是"缤纷一点",中英文对应,符合城市生活形象。

3. 名称要有特色

名称要能体现一定的内涵,给浏览者更多的视觉冲击和想象空间,在体现网站主题的同时,能点出特色之处。

(三)CI 计划

CI 是英文 Corporate Identity 的缩写,是企业形象识别的简称,是指通过视觉来统一企业的形象。如可口可乐、SONY、三菱、麦当劳等知名企业,都拥有全球统一的标志、色彩和产品包装等。标志、色彩、字体、标语是一个网站树立 CI 形象的关键。

1. 设计网站的标志(Logo)

首先需要设计制作一个网站的标志,作为网站特色和内涵的集中体现。(1)网站有代表性的人物、动物、花草,可以用它们作为设计的蓝本,加以卡通化和艺术化。(2)企业网站可直接使用产品的商标作为网站的标志,比如中国银行的铜板、彪马的美洲狮等。这样可以使企业线上线下的形象得到统一,加强受众品牌认知度。(3)最常用和简单的方式是用自己网站的英文名称作为标志,采用字体、字母的不同组合,制作自己的标志。比如网站的网址为 www. sonicnet. net,网站的 Logo 就是"SONICNET"8 个字母,给人的视觉效果像一串连贯的音符。

2. 设计网站的标准色彩

网站的标准色彩是指能体现网站形象和延伸内涵的色彩,如 IBM 的深蓝色、肯德基的红色、Windows 视窗上的红蓝黄绿色块等。一个网站的标准色彩不宜超过三种,太多会让人眼花缭乱。标准色彩要用于网站的标志、标题、主菜单和主色块,给人整体统一的感觉。其他色彩只作为点缀和衬托,不能喧宾夺主。一般来说,适合于网页的标准颜色有蓝色、黄色/橙色、黑色/灰色/白色三大系列色。

3. 设计网站的标准字体

和标准色彩一样,标准字体是指用于网站标志、标题和主菜单的特有字体。一般网页默认的字体是宋体。为了体现站点的与众不同和特有风格,可以根据需要选择一些特别字体。常见的中文字体有二三十种,英文字体有近百种。

4. 设计网站的宣传标语

这可以说是网站的精神和目标,通常用一句话乃至一个词来高度概括,类似广告语。例如麦斯威尔咖啡的"好东西和好朋友一起分享",英特尔公司的"给你一颗奔腾的心"等。

二、树立网站整体风格

风格是抽象的，是指站点的整体形象给浏览者的综合感受。这个整体形象包括站点的CI(标志、色彩、字体、标语)、版面布局、浏览方式、交互性、文字、语气、内容价值、存在意义、站点荣誉等因素。

(一)树立网站风格的原则

(1)风格是建立在有价值的内容之上的。一个网站有风格而没有内容，就好比绣花枕头。因而，保证内容的质量和价值，是重中之重。

(2)要彻底明确网站希望形成的风格是什么。可以通过发放和填写问卷的形式，把自身的建设意图和网友期望相结合，使工作更加有针对性且卓有成效。

(3)在明确网站印象后，努力建立和加强这种印象。经过第二步印象的“量化”后，需要进一步找出其中最有特点的东西，就是最能体现网站风格的东西，并将它作为网站的特色加以重点强化、宣传。要审查网站名称、域名、栏目名称是否符合这种个性，是否易记；网站的标准色彩是否容易联想到这种特色，是否体现网站的风格等。

(二)树立网站风格的方法

(1)将网站的标志，尽可能体现在每个网页上，包括页眉、页脚和背景等。

(2)突出网站的标准色彩。链接文字的色彩、图片的主色调、背景色、边框等色彩尽量与标准色彩一致。

(3)突出网站的标准字体。在关键的标题、菜单、图片里使用统一的标准字体。

(4)制作一条朗朗上口的宣传标语。把它用在网站的分栏或醒目的位置，告诉受众网站的特色是什么。

(5)使用统一的图片处理效果。比如，阴影效果的方向、厚度、模糊度都必须一样。

(6)设计一个站点特有的符号或图标。

(7)自己设计花边、线条、点。

(8)展示网站的荣誉和成功作品。

(9)告诉网友关于策划者的真实故事和想法。[①]

三、网站创意与策划的要点

(一)市场定位

做一个网站,最重要的就是明确如何挣钱?这些钱谁给?给多少?这是网站策划的第一步,也是最重要的一步。要做好第一步,首先就要思考,究竟要做什么类型的网站?做商业网的话,那就要考虑,要做门户网、行业门户网、行业渠道网、电子商务网、游戏网、社区网还是其他类型?要把自己当作一个普通网民,考虑网民上网的目的和习惯。比如,网民为什么要上网?他们上网都是做什么的?有什么上网习惯?思考这些才是最重要的。迎合网民需求、引导网民习惯,就是迎合、引导市场需求。只有找到了市场需求的点,才可以说是对市场定位策划做到了位。

(二)赢利模式

不仅要知道市场在哪里,还要知道如何从市场上赢利。这就要对网站的赢利模式进行策划。

(三)运营模式

包括如何组建团队,如何开发、测试、推广网站(产品),如何拓展市场等。

(四)成本预算

这是决定是否投资的关键一步,也是网站策划的十分关键的一个环节。做这个网站要花多少钱?这些钱都花到哪里去?这些都是网站策划人要为投资人考虑清楚的。

(五)收益评估

包括分析市场容量、网站产品的定价策划、收费模式定位、后续服务定位等工作。

(六)网站系统

这就是要将整个网站像做流水线一样描述并且表达出来。这一步最能够检验一

---

① 陶然.网站整体策划与设计[M].北京:新华出版社,2002:45-60.

个网站策划人真正的专业水平。一个网站策划人的逻辑性、系统性和统筹性能力，集中体现在这个步骤上。

（七）网站数据库

这是对一个网站的数据库的描绘性设计，是真正的数据库设计之前的定位工作。

（八）网站功能

这是对整个网站的功能构架进行描述和设计，并且设计出整个网站功能的系统性操作流程。

（九）网站内容

这是对整个网站的内容进行策划，

（十）网站页面

这就是通过设计、规划使搜索引擎拥有更多的收录和关注，使网页符合网民的习惯，让网页打开速度更快。①

案例：豆瓣网的创意策划与成功

1．案例介绍

豆瓣网创始人杨勃自2000年回国之后，先从事了4年的物流工作，后来开始自己设计网站。帮助大家分享自己的东西、发现一些新的东西，成为他设计新网站的出发点和核心理念。于是他参照了标签（tag）、亚马逊的内容推荐等一些做法，构建了自己网站的框架。2005年3月，豆瓣网正式上线。

与大多数网站不同的是，豆瓣网的内容都是用户生产的，可以说是典型的Web2.0的应用，也是一种新的社区。目前，豆瓣网有读书、电影、音乐、小组这几个类别的接近100万条的目录。每个注册用户看到任何一本书、一部电影、一张音乐专辑都可以点击"我看过""我想看""我听过""我正在听"等，用户只需要用鼠标点击而不用键盘输入，就可拥有一个自己的"书单"。

① 网站策划究竟是策划什么呢[EB/OL].（2011-09-03）[2016-05-07].http://wenku.baidu.com/link?url=EIzbDNJHJBkmGB7ud3nNqvLpw9jcdMKxAMZWBxp5wdb-umspa_8nMNj9RXdilcpyfIflqzGT9j25WwjZav_2Phbm8II2uUodN6G0cf5RM93.

根据用户看过的内容,豆瓣网马上会推荐一些他可能感兴趣的内容,用户也可以很快发现自己喜欢的新东西,比如说书籍、音乐等。具体有以下几个特点:

(1)用户和用户之间有很多互动的可能

例如,用户只要在豆瓣网有超过8本书或者电影的清单,网站便会自动推荐和他品位最接近的人,并且可以了解到那些人最近在看什么书、听什么音乐。由此,用户也会在豆瓣网拥有一个“好友圈子”,并可以了解“圈子”中发生的任何事情。

(2)评论成为人们互动的一个重要方式

人们在读完某本书、看完某部电影,或听了某些音乐之后,都可以发表评论。豆瓣还推出针对博客的服务“我上”,帮助每一位用户在纷繁复杂、日益膨胀的博客内容中,快速、有效地发掘自己最感兴趣的信息。后来发展出的“豆瓣九点”,以“物以类聚、人以群分”为出发点,进行分类博客文章的聚合展示。与较为流行的基于内容的博客聚合不同,“豆瓣九点”的内容分类是基于人的兴趣与选择。

(3)存在着交易

用户看到自己感兴趣的东西,可以从网站链接的网上书店进行购买,网站也提供了相关价格的比较。与有关网上书店的销售分成,成为豆瓣的主要赢利模式。

2. 案例评析

目前,豆瓣的收入虽然不多,但已经足够支撑网站的日常运转。在同类网站中,豆瓣是少数自给自足的个例之一。现在豆瓣的收入来源主要有以下几种:

(1)与网上零售商进行分成

豆瓣页面目前已经有十几家网站的“比价”,每次有用户通过豆瓣网上的链接进入大型网上商城购物,双方就会按照事先约定的比例进行利润分成。这是目前豆瓣网最重要的收入来源。

(2)网络广告

豆瓣网广告目前并不多,这是网站为了保持自身风格做的刻意安排。

(3)用户数据销售

豆瓣网对用户的每一次细分都蕴藏着巨大的商业机会。豆瓣网根据用户的实际点击可完成对用户群的进一步细分,以使豆瓣网能够掌握更为细致有效的用户数据信息,并在此基础上建立起一套完整的用户数据资源库。而对于急需根据用户反映来调整自身营销策略的商家来说,这样的用户数据库显然是非常必要并很可能花钱购买的。或许这才是豆瓣网"造血能力"的最主要体现。①

四、网站规划书的写作

网站规划是指在网站建设前对市场进行分析,确定网站的目的和功能,并根据需要对网站建设中的技术、内容、费用、测试、维护等做出规划。它对网站建设起到计划和指导的作用,对网站的内容和维护起到定位作用。

下面以一个小型商业公司的网站为例,说明网站规划书所包含的内容。

(一)建设网站前的市场分析

(1)相关行业的市场是怎样的,有什么样的特点,是否能够在互联网上开展公司业务。

(2)市场主要竞争者分析,包括竞争对手上网情况及其网站规划、功能作用。

(3)公司自身条件、公司概况、市场优势分析,可以利用网站提升哪些竞争力,建设网站的能力(费用、技术、人力等)。

(二)建设网站的目的、功能定位

(1)为什么要建设网站?是为了宣传产品,进行电子商务,还是建立行业性网站?是企业的需要还是市场开拓的延伸?

(2)整合公司资源,确定网站功能。根据公司的需要和计划确定网站的功能:产品宣传、网上营销、客户服务、电子商务等。

(3)根据网站功能,确定网站应达到的目的和作用。

(4)企业内部网的建设情况和网站的可扩展性。

---

① 陈璐. 浅析豆瓣网的赢利模式[EB/OL]. (2010-12-05)[2016-05-15]. http://wenku.baidu.com/view/e6dc231eb7360b4c2e3f642e.html.

(三)网站技术解决方案

(1)采用自建服务器,还是租用虚拟主机?

(2)选择操作系统,分析投入成本、功能、稳定性和安全性等。

(3)采用系统性的解决方案,如 IBM、HP 等公司提供的企业上网方案、电子商务解决方案等?还是自己开发?

(4)网站安全性措施,如防黑、防病毒方案。

(5)相关程序开发,如网页程序 ASP、JSP、CGI、数据库程序等。

(四)网站内容规划

(1)根据网站的目的和功能规划网站内容,一般企业网站应包括公司简介、产品介绍、服务内容、价格信息、联系方式、网上订单等基本内容。

(2)电子商务类网站要提供会员注册、详细的商品服务信息、信息搜索查询、订单确认、付款、个人信息保密措施、相关帮助等。

(3)如果网站栏目比较多,则考虑采用专门的网站编程人员负责相关内容。网站内容是网站吸引浏览者最重要的因素,无内容或不实用的信息不会吸引浏览的访客。可事先对人们希望阅读的信息进行调查,并在网站发布后调查人们对网站内容的满意度,以及时调整网站内容。

(五)网页设计

(1)网页美术设计一般要与企业整体形象一致,要符合 CI 规范。要注意网页色彩、图片的应用及版面规划,保持网页的整体一致性。

(2)在新技术的采用上要考虑主要目标访问群体的地域分布、年龄阶层、网络速度、阅读习惯等。

(3)制订网页改版计划,如网页每运营半年到一年时间进行较大规模改版等。

(六)网站维护

(1)服务器及相关软硬件的维护,对可能出现的问题进行评估。

(2)数据库维护,有效地利用数据是网站维护的重要内容,因此数据库的维护要受到重视。

(3)内容的更新、调整等。

(4)制定网站维护的规定,将网站维护制度化、规范化。

(七)网站测试

(1)服务器稳定性、安全性。

(2)程序、数据库测试。

(3)网页兼容性测试,包括浏览器、显示器等。

(4)根据需要进行的其他测试。

(八)网站发布与推广

(1)网站测试后进行的公关、广告活动。

(2)搜索引擎登记等。

(九)网站建设日程表

各项规划任务的开始、完成时间及负责人等。

(十)费用明细

各项事宜所需要的费用清单。

以上是网站规划书中应该体现的主要内容,根据不同的需求和建站目的,内容也会相应调整。在建设网站之初一定要进行细致的规划,才能达到预期的建站目的。①

第二节　网站内容的创意与策划

一、网站内容的特点

(一)重要性

直到目前,网站还很难直接靠其内容赢利。但是,这并不意味着网站内容毫无价值。事实上,内容是网络活动赖以存在的基础。美国加州大学洛杉矶分校在2000年

---

① 陶然.网站整体策划与设计[M].北京:新华出版社,2002:36-39.

12 月的一项研究表明,互联网的重要性在于互联网是一种信息资源。调查结果显示45%的网络用户认为收音机是重要的或非常重要的信息资源;53%的人认为电视是最重要的,而67%的人则认为互联网是最重要的。由此可见,高质量的内容对于网络用户来说是无价的。

(二)互动性

互动性是网站内容最突出的特点。为了更准确地理解这一点,我们以 BBS(电子公告板)为例做出说明。BBS 是 Bulletin Board System 的缩写,中文名称为"电子公告板",也常被译作"网络论坛"。它由于独特的形式和强大的互动功能,受到广大网友的欢迎,并成为全世界计算机用户交流的园地。电子公告使得一个用户可以选择一个或多个感兴趣的讨论组,各讨论组集中讨论一个特定话题;也可以周期性地检查是否有新的消息出现在一个讨论话题中;向讨论组发送一条消息以便其他组员阅读;回复发送某条消息的组员等。

目前常用 BBS 的种类:一是以互联网为基础的 BBS,它通过专线连接到互联网,用户必须首先连接到互联网,然后通过远程登录服务登录到 BBS 站点上,这种方式使可以同时上站的用户数大大增加,使多人之间的直接讨论成为可能。二是现在许多用户更习惯的、基于 Web 的 BBS,用户只要连接到互联网,直接利用浏览器便可以使用 BBS,阅读其他用户的留言,发表自己的意见。这种方式操作简单,速度快,几乎没有用户数量的限制。

二、网站内容创意与策划的要点

(一)整合

在互联网上,无论是以什么形式"原创",似乎只能起到"锦上添花"的作用,而想在浩如烟海的信息轰炸中"一鸣惊人",取决于网站内容是立足于高投入的原创,还是植根于低成本的整合。新浪网没有新闻采编权,所以原创对其而言是不可能的任务,然而,在实际中它却是相当受欢迎的网络新闻获取平台,究其原因就是新浪出色的整合工作。虽然在网络时代原创的信息必不可少,但是资讯的整合能力对于一个传播媒体而言的确更加重要。

（二）写摘要

上网时，多数读者喜欢阅读简短的文章，这和传统媒体时代的受众阅读习惯是不一样的。所以写出一份现有材料的内容摘要，就能为受众提供一份新内容，其成本比从头撰写原创内容要低得多。也可以摘取其他网站或出版物的内容，这种策略既节省了许多成本，同时也保证了一定的内容独家性。

（三）链接

制作网站内容时，最经济的方式就是链接。链接是网络存在的基石。在线环境中，赢利较多的网络公司多是搜索引擎公司，如百度、谷歌、雅虎等就是建立在链接模式上的成功的内容网站范例。然而，除了搜索引擎公司外，链接等于让受众转移到了另一个网站。所以，链接不宜太多。一般情况下，提供 3 个一流的网址链接，比提供 30 个普通网址的链接要好得多。

（四）以文易文

现代经济社会强调市场的双赢策略。对于网站来说，可以和与本网站没有直接竞争关系的网站互换内容，从而拓宽网站内容的来源渠道、实现资源共享。

（五）建立合作关系

如果网站需要的新内容数量相当大，而凭借该网站的实力，暂时又难以提供这么多内容，那么就很有必要和别的公司建立合作关系。而最理想的合作伙伴是那些已经具备所需求的内容，但又不是直接竞争对手的网站。

（六）购买

筛选一些好的书籍和报告等媒体内容，它们可以为网站提供极有价值的内容。同时，大量的专业新闻也能通过这种方式获取，这将是网站内容发展的趋势。

（七）激励网站读者提供内容

网站用户提供的内容往往是由互动式的内容制作工具制作的，如邮件列表、聊天室、评论等，BBS 社区网站就是这种情况。另外，一些电子商务网站也通过这种方式获得内容,全球最大的网上商城亚马逊网站就是一个典范,其提供的商品评论几乎全是消费者自己撰写的。①

第三节　网站运营的创意与策划

网站运营是指互联网站点的产品管理、内容运营、内容更新、市场推广等相关的运营管理工作。广义上,网站运营包含了网站策划、产品开发、网络营销、客户服务等多个环节。狭义上,网站运营特指在网站建设完成后的运营管理工作,如内容策划、营销活动策划和客户服务等。

一、网站赢利模式

网站赢利的基本模式有出售广告位、收取会员费、提取经纪费、获得联盟收益等。具体到个人网站,其赢利模式的拓展一般表现为:

(一)厂商赞助

这种情况一般是在站点上为主机提供商制作一个广告条,来抵消或者减少租赁费用。具体的操作还需要网站拥有者与主机提供商联系协调。

(二)广告投放

目前大部分网站都提供广告合作,如果页面访问量和网站内容与这些网站的要求相符,就可以获得合作机会。需要注意的是广告插件的配色风格应尽量和网站本身的风格融合在一起,特别是色调要保持一致,如果因为加入的广告影响了网站的访问量,就得不偿失了。

(三)其他形式的收入

等个人网站有实力做到这一步后,可以考虑通过与大型网站甚至传统厂商联合举办活动等方式来扩大收入来源,这时候个人不是完全处于被动地找客户的“无奈”状

---

① 陶然.网站整体策划与设计[M].北京:新华出版社,2002:108-113.

态，一般厂商会来主动联系。而且这时候网站拥有者已经积累了很多经验，会规划网站的未来。如果网站已经没有更大的发展空间，可将其转让给大型网站。①

二、网站运营创意与策划的要点

（一）导航台注册

导航的功能是把众多的网站分门别类地放到一个网站里，以便浏览者查询。这些导航台被称作搜索引擎，它们自动收录提交的网址。提交网站网址、搜索目录时要注意：

1. 提交网页地址

提交内容最丰富的网页地址（URL），不要只提交根网址（www. company. com）。因为很多公司习惯将主页做成美观的图形，像图书的封面，而搜索引擎对图形没有特殊的好感，喜欢收录文字内容详细的网页地址。

2. 使用 Meta

Meta 是 Html 语言的辅助性标签，可提供页面的相关信息。有几个导航台，如 Altavista、Hotbot、Infoseek 等使用 Meta 作为识别标志，所以要正确使用这些信息。

3. 准确选择与放置关键字

选择与站点内容最为贴切的两三个关键字，并首先在标题中出现，正文中也要尽量重复这些关键字。

4. 不要提交分栏（Frame）页面

大部分导航台不识别分栏，所以一定要提交有内容的主页。如果这个页面与其他页面没有做链接，那就需要一个桥页，也就是设计一个符合各项要求的页面。

5. 提交网址

将网址提交到最合适的目录下面，查明同类产品或服务的网址在哪一个目录下。比如，产品是打印机，就查找打印机在哪个目录下，并到该处提交网址。

---

① 网站的赢利模式[EB/OL].（2010-05-30）[2015-05-12]. http://wenku. baidu. com/link? url=7uy4ph61Q4ueconMThIo9ARKP FhDY8gQBbKztI9JGKNCS — L9gMJzalLdskWGfWZ3MJNNtQq5C3FykbyxVHXZ9b84kTcMuEYstVcklh8cRDa.

6. 以付费方式提交网址

在网站内容不错的前提下,可以考虑以付费方式完成网址提交。

(二)目标电子邮件宣传

这是通过电子邮件向潜在用户定向宣传网站的方法。具体技巧包括:

1. 收集技巧

掌握主动性的方法就是设法让客户参与进来,如竞赛、评比、猜谜、网页特殊效果、优惠、售后服务、促销等。用这种方式来有意识地聚集自己的网上客户群,不断地用邮件来维系与他们的联系。

2. 准确定位

如 www. webpro. com. cn 在搜集访问者信息时,将用户定位在 webmaster,用户在加入 webpro 邮件列表后可以获得最新网址通知,在查看网址通知的同时也看到邮件发送者 webpro。

3. 发送周期

如果待宣传网站是家猎头公司,邮件受众范围就很广,如 www. career_post. com(白领招聘)和 www. bjol. com(北京职业在线)。

4. 管理技巧

找到免费的邮件列表提供商,创建一个邮件列表,把搜索到的地址全部放进去,直接发送。或者使用 Eudorar 的 Nicknames 工具,只要建立一个别名就可以包括所有的邮件地址,然后用秘密抄送(BCC)的方式发送即可。每个邮件列表以 100 个邮件地址为限。

5. Html 格式

如阿里巴巴网站发送的供求信息邮件是超文本格式,即使其内容与接收者关系不大,也不会被当作垃圾信件马上删除,人们至少会留意一下发送者的地址。

6. 个性化服务

美国很多在线交易网站会记录客户电子邮件信息,用电子邮件进行客户跟踪。如对客户发送的邮件内容可以是这样的:“一周后您女儿就三周岁了,六个月前您在我们在线商店购买的衣服恐怕已经不合身了,现在我们有新到的货……”

7. 使用签名文件

要列入的信息包括姓名、职位、公司名、网址、电子邮件地址、电话号码等，这会使潜在客户对网址产生一定的信赖感，引导他们浏览网站。

（三）讨论组 BBS 宣传

讨论组是指参与讨论的人们之间通过邮件进行在线交流，管理者有权保留和删除任何内容，参与者可以不同的身份参与讨论。当拥有一定数量的客户群或者潜在客户群，就可以在他们之间建立一个讨论组。

1. 选择讨论组

先将网站归类，例如关于医学的，就去找健康讨论组。在找到相应的主题后，了解网友们讨论的热点。

2. 利用虚拟角色

用一个虚拟身份参与讨论，以另一个虚拟身份提供咨询或解答，活跃气氛，引导讨论的方向。

3. 建立信任

在讨论问题时力求务实，不要虚夸，这样容易使人对网站产生信任感。

（四）网站合作

1. 栏目内容合作

创造一些很多网站都需要的有价值的内容，主动与可能会感兴趣的网站联系。

2. 品牌站点借力

与品牌站点互联是网站借力的重要途径。1998 年上海富大胶带站点的成功就是锲而不舍地请求与各大网站互联的结果。

3. 多类型公司互联

与主题有相似之处而又非竞争对手的网站建立联盟。

4. 友情链接

在搜索引擎中查找访问量大的网站，选择与网站主题相似或互补的网站，向相关负责人发出邀请函,说明自身特色及网站友情链接的互惠优势。不要随意删除别人的链接,维护其他网站利益的同时,也是保护自己。

(五)网络广告

1. 媒体选择

选择访问率高的网络内容服务商的同时,要注意广告受众与所选择的网络内容服务商的受众的吻合性。

2. 购买方式

目前国内的广告收费模式或是按照广告播映次数收取一定的费用(Cost Per One Thousand Impressions,CPM);或按月收费,限定购买量为N个月/次。

3. 广告创意

要能唤起浏览者点击的欲望,要给浏览者点击图标的理由。

4. 广告监控

投放广告后,要求广告播映商提供报告或者直接登录监测广告访问情况。

(六)制造事件

1. 有奖竞赛

如摩托罗拉经常展开诸如慧笔之类的有奖问答;VIAIA获得国中网和24/7公司的赞助,举办网页横幅广告设计大赛等。

2. 网上调查

零点公司和搜狐合作推出的多项调查,成功地奠定了网上专业调查公司和网络媒体的合作方式。

3. 特殊事件

如奥运站点、网上投诉、足球联赛站点等创意,都可以为提高站点的知名度锦上添花。

(七)传统方式推广

1. 公司印刷品

公司信笺、名片、礼品包装都要印上网址名称,让客户随时可以看到并记住网站的网址。

2. 报纸

使用传统方式宣传网址的最佳途径。

3. 户外

如地铁广告、路牌、公交站牌等。

4. 电视

节目结束时打上网址名称。如 NBA 现场转播时,屏幕下方滚动的 www. NBA. com 的字幕。

5. 综合传播

投稿的新闻媒体应该是全方位的,要同时包括新媒体和传统媒体。作为网站总体策划的一部分,新闻稿应该与网站同时发布。

(八)访问流量分析

1. E-mail 反馈分析

通过有效的 E-mail 数量增减情况判断网站访问量。

2. Log 分析

定期下载 Log 访问记录。Log 是纯文本格式的访问者记录,被称为系统日志,包括访问者 IP 地址、所在国家、访问时间和访问页面等。①

案例:淘宝网的成功——将淘进行到底

1. 案例介绍

淘宝网是中国深受欢迎的网购零售平台,拥有近 5 亿的注册用户数,每天有超过 6000 万的固定访客,同时每天的在线商品数已经超过了 8 亿件,平均每分钟售出 4.8 万件商品。截至 2011 年底,淘宝网单日交易额峰值达到 43.8 亿元,创造 270.8 万直接且充分的就业机会。随着淘宝网规模的扩大和用户数量的增加,淘宝也从单一的 C2C 网络集市变成包括 C2C、团购、分销、拍卖等多种电子商务模式在内的综合性零售商圈。目前,淘宝已经成为

---

① 陶然. 网站整体策划与设计[M]. 北京:新华出版社,2002:226-237.

世界范围的电子商务交易平台之一。①

2. 案例评析

(1)商业模式分析

①战略目标

淘宝网的目标是成为中国最大的网上个人物品交易市场。

②目标客户群

面向的是广大消费者。

③产品和服务

产品:淘宝网产品的提供者有商家和个人,商品种类繁多。无论是商家还是个人,都可以在这里提供想要出售的货物。

诚信服务:包括对卖家的实名身份认证、第三方交易平台支付宝、网络安全部等。

④收入与价值来源

广告收入:淘宝网在它的网站内设有广告,在上面做生意的人需要通过广告让别人来知道自己的产品。

中介收入:淘宝网作为一个中介,为买卖双方提供信息,可以从成交中提取一定的费用。

网站收入:淘宝网为供应商和消费者提供了交易的场所,从中可以获得一些利润。淘宝一大部分收入来自支付宝。

(2)技术模式分析

淘宝网提供的安全技术如网络警察、支付宝等都让买卖双方放心。它是为个人和个人之间的交易开展服务的网站。淘宝网的网站技术模式定位于系统运行的持续稳定性和安全性两方面,作为信息中介服务平台,它的系统要求是严格的。其通信系统采用互联网和通讯网,在服务器的构建上要保证交易信息的安全传递,保证数据库服务器的绝对安全,防止网络黑客的闯入破坏。淘宝网在身份验证和安全监控上也很严格。在系统应用软件方面,淘宝网采用了网上信用管理系统、身份认证和安全管理系统、

---

① 淘宝网[EB/OL].[2016-07-03]. http://baike. baidu. com/link? url = sqeqjQEVfj9JGzyvAFn28mvjTHanbbX14XcGYMT ZPlnzlZYqEgot6ANkJlrpcn0UthTfjl8vj7pvzGTffwl - SBklN401BEviW3S0RlulCIeeew9gjYVVdGenqm3 - ylTJULrv_GIzulB_JlaAIyHgwq.

网络监控管理系统和网络安全管理系统等，最大限度地保证网站安全、数据安全和交易安全。

(3)管理模式分析

①经营管理

淘宝网采用会员制，只对注册会员提供交易服务，将交易的物品称为“宝贝”，另外淘宝提供第三方支付工具——支付宝，帮助交易双方完成交易，提高网上交易的信用度。淘宝还提供留言管理、站内信件、淘宝社区等非实时的会员交流和协商方式。如淘宝社区作为一个反馈论坛，有专人管理，回应“淘宝人”的发帖，仁者见仁、智者见智，促进了淘宝自律机制的动态发展。其他人进入淘宝网可以浏览淘宝用户的电子店铺和商品，也可使用淘宝网的搜索工具进行搜索。

②系统管理

会员注册系统：淘宝网的免费注册会员是对中国国情的把握。

网上买卖系统：通过电子商务平台为买卖双方提供一个在线交易平台，使卖方可以主动提供商品上网销售或拍卖，而买方可以自行选择商品进行竞价和购买，不再受时间和空间的限制，广泛方便的比价、议价、竞价过程可以节约大量的市场沟通成本。

支付系统：支付宝是一种针对网上交易特别推出的安全付款服务，是淘宝与国内各主要银行联手推出的一种在线交易安全支付工具，成为现在网络上安全、快捷、方便的电子商务网络支付产品。

网络服务系统：淘宝网利用其在C2C服务领域的成熟运作经验以及及时预测商业潮流动向的能力，打造出精品服务频道为品牌提供支持，而21CN借助雄厚的网络资源和技术资源优势，为淘宝网打造短信平台，拓展淘宝网会员服务渠道，进一步完善了淘宝网的服务网络。

③网站管理

淘宝网在对网站进行管理时，使用了网上信用管理系统、身份认证管理系统、网络管理系统和网络安全管理系统等，最大限度地保证了网站安全、数据安全和交易安全。①

---

① 淘宝网案例分析[EB/OL].[2016-07-07].http://blog.sina.com.cn/s/blog_5c6ff4a10100auaj.html.

本章小结

网站(Website)是目前一种主要的网络媒体,是指在因特网上,根据一定的规则,使用Html等工具制作的用于展示特定内容的相关网页的集合。简单地说,网站是一种传播工具,就像布告栏一样,人们可以通过网站来发布或获取资讯,或者利用网站来提供或使用相关的网络服务。

通常情况下,网站创意与策划包含以下内容:建设网站前的市场分析,建设网站的目的及功能定位,网站技术解决方案,网站内容及实现方式,网页设计,网站维护,网站测试,网站发布与推广,费用预算等。在实际操作中,根据不同的需求和建站目的,上述内容也会相应调整。

网站创意与策划的要点包括市场定位、赢利模式、运营模式、成本预算、收益评估、网站系统、网站数据库等内容。

网站内容创意与策划的要点包括整合、写摘要、链接、以文易文、建立合作关系、购买等内容。

网站运营创意与策划的要点包括导航台注册、目标电子邮件宣传、讨论组BBS宣传、网站合作、网络广告、制造事件等内容。

思考题

1. 网站创意与策划的要点有哪些?
2. 网站内容创意与策划的要点有哪些?
3. 网站运营创意与策划的要点有哪些?
4. 请设计一个关于大学生择业的网站的创意策划案。

参考阅读

1. 陶然. 网站整体策划与设计[M]. 北京:新华出版社,2002.
2. 严富昌. 网络策划与设计[M]. 北京:北京大学出版社,2004.
3. 卡斯特. 网络社会的崛起[M]. 夏铸九,王志弘,等,译. 北京:社会科学文献出版社,2006.
4. 陈超华,朱颖博. 网站策划与设计[M]. 北京:北京邮电大学出版社,2014.

Chapter 9

第九章
流媒体的创意与策划

通过本章的学习，你将掌握：

☑流媒体的播放方式与应用领域

☑流媒体的传播优势

☑如何进行流媒体内容的创意与策划

第一节　流媒体概述

所谓流媒体,就是将普通的多媒体,如音频、视频、动画等,经过特殊编码,使其成为在网络中使用流式传输的连续时基媒体,适应在网络上边下载边播放的播放方式。通常其压缩比比较高、文件体积比较小、播放效率比较高,同时在编码时还要加入一些附加信息,如计时、压缩和版权信息等。①

一、流媒体的播放方式

(一)单播

在客户端与媒体服务器之间需要建立一个单独的数据通道,从一台服务器送出的每个数据包只能传送给一个客户机,这种传送方式称为单播。单播方式下每个用户必须分别对媒体服务器发送单独的查询,而媒体服务器必须向每个用户发送所申请的数据包拷贝。这种巨大冗余造成服务器沉重的负担,响应需要很长时间,甚至因为响应时间过长而导致播放停止,管理人员也被迫购买更多的硬件和带宽来保证一定的服务质量。

(二)点播与广播

点播连接是客户端与服务器之间主动连接。在点播连接中,用户通过选择内容项目来初始化客户端连接。用户可以开始、停止、后退、快进或暂停流。点播连接提供了对流的最大控制,但这种方式由于每个客户端各自连接服务器,会迅速用完网络带宽。广播连接指的是用户被动接收流。在广播过程中,用户不能暂停、快进或后退流。广播方式中数据包的一个单独拷贝将发送给网络上的所有用户。

---

① 庄捷.流媒体原理与应用:第二版[M].北京:中国广播电视出版社,2013:6.

(三)组播

IP 组播技术构建了一种具有组播能力的网络,允许路由器一次将数据包复制到多个通道上。采用组播方式,单台服务器能够对几十万台客户机同时发送连续无延时的数据流。媒体服务器只需要发送一个信息包,而不是多个,所有发出请求的客户端共享同一信息包。信息可以发送到任意地址的客户机,减少了网络上传输的信息包的总量。这种方式使网络利用效率大大提高,成本大为下降。①

二、流媒体的运用领域

(一)远程教育

电脑的普及、多媒体技术的发展以及互联网的迅速崛起,给远程教育带来了新的机遇。远程教育最基本的要求是将信息从教师端传送到远程的学生端,需要传送的信息可能是多元化的,包括各种类型的数据,如视频、音频、文本、图片等。将这些资料从一端传送到另一端是远程教育需要解决的问题,而如何将这些信息资料有效组合起来以达到更好的教学效果,更是需要我们思考的方面。由于当前网络带宽的限制,流媒体无疑是最佳的选择。

就目前来讲,能够在互联网上进行多媒体交互教学的技术多为流媒体,像 Real System、Flash、VOD 等技术就经常应用于网络教学。

(二)宽带网视频点播

随着计算机的发展,视频点播(VOD)技术逐渐应用于局域网及有线电视网,并随着流媒体技术的出现而克服自身局限,得以广泛应用于互联网。视频点播客户端采用浏览器方式进行点播,基本无须维护。采用先进的机群技术,可对大规模的并发点播请求进行分布式处理,使其能适应大规模的点播环境。

随着宽带网和信息家电的发展,流媒体技术会越来越广泛地应用于视频点播系统。就当前而言,很多大型的新闻娱乐媒体都在互联网上提供基于流媒体技术的音视频节目,如国外的 NBC、CNN、CBS 以及我国的中央电视台、北京电视台等。

---

① 毛俊. 流光溢彩的流媒体[N]. 计算机世界报,2006-09-25.

(三)互联网直播

随着互联网的普及,从互联网上直接收看体育赛事、重大庆典、商贸展览等成为现实,很多厂商也借助网上直播的形式将自己的产品和活动传遍全世界。这一切都得益于互联网直播的形成。

流媒体技术在互联网直播中充当着重要的角色,首先流媒体实现了在低带宽的环境下提供高质量的影音。其次,像 Real 公司的 Sure Stream 这样的智能流技术可以保证不同连接速率下的用户能得到不同质量的影音效果。此外,流媒体的多址广播(Multicast)技术可以大大减轻服务器端的负荷,同时最大限度地节省带宽。无论从技术还是从市场考虑,现在互联网直播都是流媒体众多应用中最成熟的一个。已经有很多服务提供商提供网上直播服务,每年一度的中央电视台春节联欢晚会就利用该技术提供网上现场直播。

(四)视频会议

当前市场上的视频会议系统有很多,这些产品基本都支持 TCP/IP 网络协议,但采用流媒体技术作为核心技术的系统并不多。视频会议涉及数据采集、数据压缩、网络传输等多项技术,流媒体并不是视频会议最佳的选择,但是流媒体技术的出现对视频会议的发展起到重要的作用。采用流媒体格式传输影音,使用者不必等待整个影片传送完毕,就可以实时、连续不断地观看,这样不但改善了观看前的等待问题,也可以达到即时的效果。虽然可能损失了一些画面质量,但视频会议并不需要很高的音视频质量。视频会议是流媒体的一个商业用途,通过流媒体还可以进行点对点的通信,最常见的例子就是可视电话。只要你有一台已经接入互联网的电脑和一个摄像头,就可以与世界任何地点的人进行音视频的通信。此外,大型企业可以利用基于流技术的视频会议系统来组织跨地区的会议和讨论,从而节省大量的开支。①

三、流媒体的传播优势

(一)受众的选择余地增加

由于流媒体能够在任何时间提供以往制作的任何节目,因此电视节目时间表的概

---

① 杨国荣. 基于流媒体技术的 IPTV 系统[J]. 现代电子技术,2009,32(21):196-199.

念就显得有些过时。通过流媒体,受众可以随时随地点播收看自己喜欢的节目。这大大增加了受众的选择自由,使其在面对大众传媒时不再像以往那么弱势。流媒体使时间和距离对收看节目来说都不再是障碍。一个观众拥有一台接收机,就能从网络上任何相适应的媒体服务器上接收流媒体。

(二)覆盖范围广阔

流媒体可以说是第一个全球性和通用性的传媒系统。流媒体让人类第一次拥有一个全球性通用视频标准,不需要像广播电视一样要从 PAL 向 NTSC 制式转换。流媒体接收器还可以实现全球漫游,在世界上任何地方都能访问流媒体资产。过去电视台之所以很少有小众节目或高端节目,主要是因为本地电视台找不到足够多的观众,来证明安排这些节目是合理的。而在流媒体时代,这类节目可以从全球各地区吸引观众,来聚集起足以引起赞助商兴趣的观众群。

(三)交互性强

与广播电视等媒体相比,流媒体的交互性要强得多。流媒体允许人们之间以正常的交流方式进行交流,它建立在观众个人的兴趣基础上,允许观众根据自己的选择实现个性化演示。流媒体可以在面对面的交流中,让讲话者通过受众的反馈,适时调整他们说话的内容和节奏。如果内容制作者了解广播节目和流媒体节目之间的不同,就会使他们的节目与观众之间的对话更加亲密、平等,最终使观众更加满意。此外,经过适当的设计,流媒体允许个人将评论附在特定的流媒体节目中。这在传统的电视和广播节目中也可以做到,但与流媒体不同的是,传统媒体没有办法将媒体和评论长期结合在一起。

(四)商务运用前程远大

与广播电视不同,流媒体可以做到让受众只接收与自己相关和可能感兴趣的广告。而通过流媒体,广告商也能只向实际想接收广告的受众播放广告。通过由反向信道载体传送流媒体广告,也可以分析每个观众的流点击,即如果你同意接收广告然后跳过去,广告商能够知道,这是广播和电视无法做到的。所以,不仅消费者能够许可广告商推销产品,广告商也能立即了解何时达成交易,广告的投资回报可以实时计算。通过将数据挖掘和数据库相互关联,广告商可以就消费者对任意流媒体广告的反应的实际情况做出推断,这就使广告商能详细地了解其用户的基础构成和偏好。流媒体的这种优势,在激烈竞争的商业环境中会起关键性作用。

运用流媒体可以实现的另一个商务场景,是允许流媒体节目观众与电子商务 Web 网站上的真人进行对话。通过流媒体,用户不仅可以由嵌入娱乐流中的广告引导进入电子商务站点,还可以在虚拟商店中与销售人员交谈。销售人员通过客户以前访问时留下的数据,就能知道他们是谁、是否为回头客。进入商店之后,消费者会看到更多推销和展示产品的流媒体内容。这种丰富的交互可能比其他与广告链接的电子商务技术拥有更高的由询价到购买的转换率。而且,在流媒体中,可以使用自然的人类交流模式,而不是严格的表格和程序,使娱乐和销售含糊不清,在线购物有潜力成为一种新的娱乐形式。

(五)便捷更多,限制更少

与广播电视相比,流媒体可同时传送的节目数量大得多,为实现无限的流媒体节目选择提供了可能。互联网比广播频率更难垄断,也更少受管制,对带宽的进入障碍较少。更重要的一点是,可使用的流媒体频带数量,只受可使用的流媒体服务器的数量和功能的限制。这将保证流媒体高品质的体验和广泛的选择余地。

流媒体的发展,还改变了以往对媒体的控制格局。因为流媒体所需要的技术和设备成本,比广播电视便宜得多,这样,不是只有精英才能通过媒体发表自己的观点,沉默的大多数也可以有自己的媒体和传播平台。

(六)信息密度更大

在当今这样一个快节奏的社会中,流媒体可以利用各种媒体传输方式在短时间内传送大量的信息。例如,利用流媒体,人们将比收看现在的广播电视节目有更多选择的自由,人们还可以同时打开几个播放器,观看不同节目。同时,观看视频节目时,人们可以让播放器显示文本选项。画外音选项可以左耳听他人讲话,右耳听视频节目中的声音。利用流媒体,人们可以同时自由地与多人对话。①

① TOPIC. 流媒体技术及商机揭密[M]. 孔英会,李庆国,常喜茂,译. 北京:电子工业出版社,2004:104-116.

第二节　流媒体内容的创意与策划

一、满足用户对内容的需求

用户使用流媒体的动机是什么？他们最希望看到、听到什么内容？这是每一个流媒体服务商关注的焦点。从调查结果来看，娱乐内容是发展的重心。当前基于宽带的流媒体业务，其优势并不在于传递重要信息，而是体现在大比特流的娱乐信息的传递上。用户使用流媒体业务，也主要是从娱乐生活的角度考虑的。因此，流媒体应当是影视娱乐应用的先锋，它将成为未来娱乐经济和体验经济的重要组成部分。运营商只有加大娱乐内容的开发力度，才能更好地迎合用户的需求，真正将他们使用流媒体的热情调动起来。

此外，从年龄结构来看，年轻用户群将成为流媒体业务的最大市场。调查中，在主张增加娱乐内容的受访者中，年龄在14—30岁的年轻用户占80%以上。这类用户对新型服务和时尚最为敏感，接受程度也最高，他们将是未来流媒体业务的主要消费群。[①] 因此，流媒体内容的创意与策划必须把重点放在娱乐节目的制作上，满足以年轻人为主体的流媒体受众的需求。

二、丰富用户的体验

在许多情况下，流媒体的用户体验可以像电脑游戏一样丰富。流媒体制作者可以把环绕声技巧和效果、三维交互和虚拟现实应用到节目中去，这些元素可以流动，而且通过在互联网上相互连接，不同的受众群还能利用这些半电脑游戏元素实现实时交互。当运用到最佳效果时，比起电脑游戏和电视来，流媒体节目肯定能提供更令人兴奋和更有参与性的用户体验。开发制作流媒体节目，必须为受众提供比电视节目更多可看、可做的内容。毕竟，流媒体不是让受众被动地收看，而是更积极地主动投入。只有加强与受众的互动和交流，流媒体节目的吸引力才能显现出来。

只要载体带宽足够，流媒体对视频流的交互数据就没有严格和永久的限制。因而

① 流媒体用户市场现状调查[N]. 人民邮电报，2004-04-21.

可以考虑发挥流媒体交互内容平台的优势,以此来吸引受众。概括而言,就是以流媒体的交互性活动,来丰富用户的体验。

此外,还可以提供给用户边接收视频流边聊天的体验。这可以使对同样的流媒体内容有相同兴趣的用户形成团体,其成员能够经常联系,分享彼此的观点。这实际上为流媒体发展出了越来越多的用户,使开发出的流媒体节目有了稳定而且不断扩大的受众群体。

三、开发小众节目

流媒体内容制作可以用较便宜的设备,费用要比电视更低。流媒体制作和发送都是数字化的,不会涉及模拟传输系统,而且画质要求也没有数字电视高。同时,数字视频制作技术的成本也在不断下降。制作者可以使用比电视拍摄便宜的设备,来制作用户可以接受的流媒体节目。

最关键的是,对于小众节目来说,使用流媒体技术的受众比使用广播媒体的受众更容易把握。即使只有少数人对一个特定的流媒体演示感兴趣,通过点播的方式仍然能保持成本效益。

四、数字化开发

流媒体允许内容所有者以较低的成本,将可用于公众观看的内容制作成媒体节目存档。今天,大部分媒体以往的视听内容,受众根本无法使用。因为它们都被放在黑暗地下室的架子上,物理媒介太脆弱,无法在播放器上播放。而这些存档材料的数字拷贝仅需制作一次,然后就可以放在媒体服务器上供将来使用。对历史档案内容所有者来说,其面临的选择很简单:要么将这些资产深藏于地下室中,无法赚钱或赚钱很少;要么使那些感兴趣的流媒体观众可以访问这些资产,从而实现赢利。这实际上是“长尾理论”在流媒体内容方面的具体运用。

五、提供真实、可靠的信息来源

流媒体的特点之一,是可以真实报道新闻事件。现在,当你收看电视新闻节目时,所看到的只是编辑想让你看的,大部分拍摄的镜头会被剪切掉。然而,利用流媒体,新闻编辑既可以播放事件的概要,又可以提供被剪切镜头的链接,人们可以选择看记者拍摄的每一个镜头。这是一个很好的功能扩展，它可以防止新闻编辑通过有选择地播放拍摄到的内容而歪曲事实。事实上，提供所有素材、所有文档和所有过去拍摄镜头的链接，会增加新闻机构的可信度，公众会信任那种允许自己观看真实的资料而不是被编辑主观选择的报道的新闻机构。

除了让受众看到真实的新闻之外，流媒体还允许受众建立信任网络。在这个网络中，你可以收集你信赖和尊重的记者的名字；也可以通过数字签名技术证实自己得到的是从可以信赖的源发来的媒体流，而且保证它没有被篡改；还可以利用 Web 浏览其中一个最喜欢的人的列表，并及时跟踪你喜欢的评论员的情况。事实上，利用这样一个信任网络，你可以直接与评论员交谈，还可以跟喜欢其他评论员的人联系。通过这种方式，你可以找到其他可以信任的新闻来源地。为了建立信任，希望被看作可信源的机构会透露与他们有联系的公司、机构的背景。在这些前提下，就不容易出现扭曲事实和虚假报道，那些不愿意透露这些情况的新闻机构会被看作不可信任的机构。人们通常需要的是能够得知自己什么时候被误导操纵，什么时候被告知真相。由于流媒体与超文本联系容易，这种可信任的网络很容易建立起来。

流媒体在可视报道中能够增加信任度的另一种方式，是将时间、日期和位置信息嵌入到拍摄的镜头中。如果观众仔细查看流媒体中的这些元数据，他们就能判断报道是否是真实的（同时也能够辨认出在素材库中剪切的镜头）。如果利用时间和日期将同一事件从不同位置和视点拍摄的镜头联系起来，观众就可以重现事实，从不同的角度深入了解事实。未来的媒体播放器可支持自动关联这些图像，并以固定步骤播放。事实上，摄影记者互相拍摄可能会成为一种普遍惯例，以证实他们确实到场拍摄了真实的事件。

六、做出更有效的服务类节目

好的流媒体教育节目，能让老师和学生进行现场互动，包括最新的内容和个性化问题。同时，流媒体能用来创建更丰富的教育材料，有助于主程序中的嵌入式学习及在线复习测试管理和即时评分。流媒体在远程教学上的应用是市场的一个重要部分。

流媒体技术使顾客虚拟检验商品成为可能。应用虚拟现实流技术中的一种，如 MPEG－4 3D 的附加软件 X3D（扩展 3D），顾客可以在三维模式下操作和观看商品的三维模型，就像在亲自验证。当顾客买一个新产品时，可以看流媒体介绍了解如何安装和让它工作，而不用读用户手册或看说明。流媒体也可以像电话、互联网一样，让人们进行情感沟通,而且更有效也更有趣。

七、提供展示自我的媒体平台

与传统的大众媒体不同,流媒体能够为特立独行的人提供展示自我的媒体平台,让他们在这个平台上找到同类,进行互动。同时,也可以为有特殊兴趣者提供满足其喜好的媒体内容。现在使用 DV 摄像机来制作独立数字电影已经很流行。个人就可以花费几千美元拍摄、编辑和后期制作出一部小成本的电影。与好莱坞几百万美元的预算相比,这是令人难以置信的。事实上,制作花费很少的电影,如《布莱尔魔法工程》(*The Blair Witch Project*)有时候也能引起票房轰动。独立电影制作者把他们的电影编码成高质量的压缩流媒体格式,通过 www. atomfilms. com 这样的网站,已经找到了细分观众。随着流媒体传输基本设施的发展,人们更喜欢看这种类型的节目。专家预测家庭微电影院也会涌现出来,为少数的、适当的观众提供能媲美电影质量的一流服务。而地下电影制作者制作的电影,也有可能在某一天成为好莱坞电影真正的竞争对手。①

案例:奇艺网的流媒体创意

1. 案例介绍

奇艺网,2010 年 4 月 22 日正式上线,是由中文搜索引擎百度公司创立,以流媒体技术为主,专注于提供免费、高清网络视频服务的大型专业网站。

奇艺网以流媒体技术为核心,丰富网站视频的内容形式和种类,凭借丰富的自制内容、多元的终端支持和优质的用户体验,赢得了广大用户的青睐和口碑。

(1)奇艺率先布局"一云多屏"

2011 年 5 月,奇艺宣布,针对 PC、平板电脑、手机等不同终端用户打造的 30 多款客户端下载平台 App 专区正式上线。这标志着奇艺"一云多屏"战略又迈出了实质性的一步。此外,奇艺已推出用户注册系统,除了使用邮箱进行激活注册,用户还可以选择微博、人人网、百度账号进行绑定登录。这为以账号为纽带的"一云多屏"联动奠定了基础。

之后奇艺网还将推出含多屏互动等全新的功能。如新版奇艺影视的

---

① TOPIC. 流媒体技术及商机揭密[M]. 孔英会,李庆国,常喜茂,译. 北京:电子工业出版社,2004:106-117,164-167.

iPad客户端，将实现多屏合一。用户无论是通过网页、PC客户端还是iPad客户端观看奇艺视频，只要在登录状态下，就可直接续播，还可以在多终端平台上同步享受“统一播放记录”带来的用户体验。

奇艺实现了以账号为纽带，以多终端为平台，以奇艺视频和奇谈社区为内容的运作方式，iPad是遥控机、电视是显示屏、手机是互动平台，已在奇艺成为现实。

(2)奇艺自制内容反向输出电视台，开创网台联动新模式

面对现在版权影视内容日趋同质化的态势，各家视频网站如何走出一条与众不同的道路成为各网站关注的首要问题。自制内容将成为奇艺市场竞争力的重要体现之一，通过百度奇艺影视指数的研究，深入了解用户的需求，奇艺可以更有针对性地推出适合用户需求的自制内容。

随着网络版权价格的日益高涨，自制内容的价值也日渐凸显，主流的视频网站已纷纷高调杀入自制剧领域。视频网站的自制内容也将由之前的小成本制作，逐渐走上高规格、专业化的路线。奇艺网已于2011年7月与多家电视台达成合作，旗下《环球影讯》《头号人物》《娱乐猛回头》等多档自制节目将对电视台进行反向输出，随着“奇艺出品”战略的实施，奇艺制作的多档电视台制作水准的自制节目实现向电视台的反向输出，包括湖南电视台娱乐频道、浙江电视台影视频道、深圳电视台娱乐频道、陕西电视台都市青春频道、云南电视台影视频道等多个平台。①

(3)奇艺网推出“智服务”，个人用户中心正式上线

2011年8月10日，视频网站奇艺宣布推出“智服务”，针对提升用户体验推出一系列个性化智能功能。作为“智服务”的重要组成部分，个人用户中心“我的奇艺”正式上线。针对用户的不同喜好，“我的奇艺”个性化订制主页将奇艺平台上的服务整合至一个页面，用户登录后，即可享受奇艺所提供的一站式服务。

(4)奇艺推新版iPad客户端

奇艺发布“云动力”战略，在云端实现视频编码、存储等综合服务，在PC、平板电脑、手机等移动终端实现视频播放和互动。配合“云动力”战略，

① 奇艺自制内容反向输出电视台，开创网台联动新模式[EB/OL].(2011-07-26)[2016-06-03]. http://www.donews.com/original/20110 7/550634.shtm.

奇艺推出全新升级版 iPad 客户端,其最大的特色是实现了多终端播放记录同步和同行业率先支持 Airplay 功能。通过 Airplay,可将 iPad 上播放的奇艺内容在支持 Airplay 的设备上显示。①

2. 案例分析

(1)版权瓶颈

Hulu 网是美国最受欢迎的视频网站之一。奇艺网复制的 Hulu 模式的一个很重要的特点就是100%的正版率,在中国,奇艺将遭遇几重考验:一方面,公众版权意识不强,法律关于版权保护的部分也还不够规范和严格,这导致视频网站部分盗版内容的存在被业界默认。另一方面,由于国内市场并没有一个有足够垄断地位或者说完整的版权厂商,这导致视频网站必须要向多家版权商购买不同内容的版权,不仅使版权支出的成本大幅增加,也大大限制了正版化的进程。

(2)赢利能力

Hulu 被广为推崇的一个重要原因,是在市场中占据大幅优势的 Youtube 并未赢利,但是 Hulu 就已经取得了千万美金级别的赢利。但是在国内来说,如果是简单走提供在线视频内容的路子,需要面对来自多个视频网站的夹击。同时,奇艺网可以买到的内容,其他视频网站一样可以买到,差别只在于钱而已。只能说,正版化给我们提供了一个关于奇艺网赢利的更好预期,但是仅限预期而已。最终的结果还需要看执行团队的能力。

(3)差异化发展

说到高清,传统视频网站早已经开始了在高清视频部分的布局,这并不是奇艺网的独家专利。所以从某种程度来说,奇艺网和传统的视频网站并没有差异。奇艺网现在应该做的事情,是趁着传统视频网站在正版化和高清这块尚未完全展开的时候,弥补自己与传统视频网站在内容方面的差距,凸显自己的优势,才能够在视频网站的竞争之中分到一杯羹。②

---

① 奇艺率先实施"云动力"战略,推新版 iPad 客户端[EB/OL].(2011-07-08)[2016-06-05].http://news,xinhuanet.com/zgjx/2011—07/08/c21638353.htm.

② 百度奇艺网的 Hulu 模式在中国的生长[EB/OL].(2010-4-29)[2016-06-07].http://blog.163.com/sencent@yeah/blog/static/16557921120106111332 8.

本章小结

所谓流媒体，就是将普通的多媒体，如音频、视频、动画等，经过特殊编码，使其成为在网络中使用流式传输的连续时基媒体，适应在网络上边下载边播放的播放方式。通常其压缩比比较高、文件体积比较小、播放效率比较高，同时在编码时还要加入一些附加信息，如计时、压缩和版权信息等。一个完整的流媒体解决方案应是相关软硬件的完美集成，它大致包括下面几个方面的内容：内容采集、音视频压缩编码、内容编辑、内容存储和播放、应用服务器内容管理及用户管理等。

流媒体的创意与策划是指流媒体领域面向市场变化和需求时，在信息传播、运营的各个层面所采取的具有创新性的策略和构思。流媒体的创意与策划主要体现在内容和运营两个方面。流媒体可以将网站和电视媒体各自的优势和资源整合成一个无缝的平台，这个平台既具有网站的信息量大、主动传播等特点，又具有电视媒体的传播性、直观性等优势，可以最大限度地吸引受众，拓宽信息的传播渠道，从而促进大众传媒的进一步发展。

思考题

1. 流媒体的传播优势与劣势有哪些？
2. 流媒体内容的创意与策划包括哪些内容？
3. 请设计一个商业网站流媒体系统的创意策划案。

参考阅读

1. 唐天虹，冯宝坤，胡晓鹏. 实战流媒体[M]. 北京：科学出版社，2003.
2. 迈克. 流媒体宝典[M]. 刑栩嘉，王佟，赵峪，等，译. 北京：电子工业出版社，2003.
3. 胡泽，赵新梅. 流媒体技术与应用[M]. 北京：中国广播电视出版社，2006.
4. 庄捷. 流媒体原理与应用：第二版[M]. 北京：中国广播电视出版社，2013.

Chapter 10

第十章 户外媒体的创意与策划

通过本章的学习，你将掌握:

☑户外媒体的分类与特征

☑如何进行户外媒体的创意与策划

☑如何进行交通媒体的创意与策划

第一节　户外媒体概述

一、户外媒体的分类

户外媒体较为宽泛的定义是指“所有存在于开放空间的媒体载具”。主要形式包括招贴、海报、路牌、霓虹灯、电子屏幕、灯箱、气球、飞艇、车厢、大型充气模型等。

(一)户外媒体

在广告潜在对象的住宅外到达他们的媒介——如户外广告、公共汽车广告、出租车广告、地铁广告和站台广告等,均属于户外媒体(Out - of - Home Media)的范畴。以美国为例,其约有30种不同的户外媒体,年产值约为37亿美元(如图11 - 1)。[①]

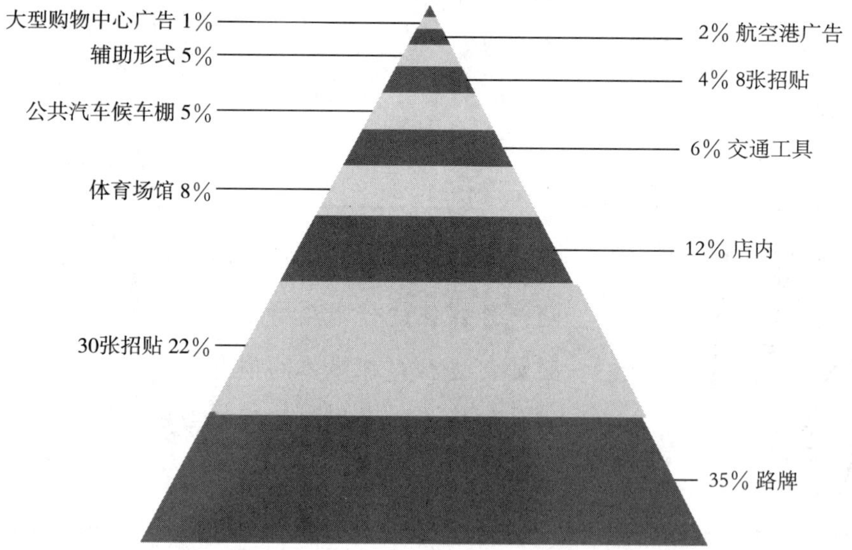

图11 - 1　户外媒体分解

① 阿伦斯. 当代广告学:第7版[M]. 丁俊杰,程坪,苑菲,等,译. 北京:华夏出版社,1999:536.

1.路边招牌

路边招牌是一种极为常见的户外广告媒介形式。其具体做法是:路牌公司租下值得安装路牌的地点,安上路牌,然后由自己的推销员或行业公司组成的销售组织,向广告公司或直接向广告主推销路牌版面。如同其他媒体的推销员一样,路牌版面推销员也时时发布有关路牌的信息和数据。大部分路牌公司能按照买主的要求设计版面、文字,绘制广告,在随后的使用过程中,还要注意广告招牌的损坏和剥蚀情况,及时维护,以免因年久失修而影响广告效果。

路牌作为户外媒体最大的优点在于:制作简单;曝光频次和到达率都能达到相当高的水平;对于一些在其他媒体上做广告受到限制的产品,如烟、酒等,路牌都是它们选择的主要广告媒体。

图 11－2　美国西雅图太平洋科学中心新电影的广告路牌

图 11－2 是美国西雅图太平洋科学中心关于鲨鱼的新电影系列的广告路牌。它放置在距离高速公路不远的地方,每隔一小段距离放一块。第二块路牌中的一人失踪引起了人们的注意,而且表明这一块不是他们刚才经过的那一块,最后一块,四个人全部失踪。它以这种幽默的方式体现了人们对鲨鱼的恐惧。像这种有趣的路牌可以获得传递信息所必需的重复率,而且以寓教于乐的方式避免引起受众的不愉快。①

2.屋顶广告

屋顶广告是指置于建筑物上面或墙面上的广告媒体。由于这类广告距离受传者较远,故要求广告信息醒目,使人一目了然。所以,屋顶广告大多只限于广告主的名称或商标。对某些特定行业来说,屋顶广告非常适合,比如吸引饥饿的旅客停车吃饭的餐馆。麦当劳不断做屋顶广告吸引当地的消费者,显示自己的企业名称。经过多年的

① 阿伦斯.当代广告学:第 7 版[M].丁俊杰,程坪,苑菲,等,译.北京:华夏出版社,1999:539.

图 11－3　麦当劳 M 形金色拱门

努力，麦当劳已将自己的标识发展成为一个广为人知的标识，人们只要一看到那个金黄色的拱形，便会在脑子里联想到这个品牌(如图 11－3)。[①]

3. 霓虹灯广告

霓虹灯以其在夜幕下多姿多彩的特点，使广告信息在受众的心目中留下深刻印象。随着科技的发展，三维影像、电子信息也相继加入霓虹灯广告的行列之中。虽然霓虹灯广告存在着成本高昂等不利条件，但也因其具有醒目、传播范围广、能反复播放等特点，得以经久不衰，至今仍被广告主所青睐。

如瑞典斯德哥尔摩的 Storakers McCann 公司为瑞典 MER 清凉饮料创作的站台广告(如图 11－4)。白天看，这些广告与一般的广告并无二致，而到了晚上，广告的高明之处就显现出来。这些广告利用白天和晚上的不同光源制造出昼夜迥异的视觉效果——白天灯箱内层的剪影不会被人看到，晚上一开灯，剪影就现出清晰的阴影(一对恋人)。正如有人评价："夜晚、饮料、两性、激情，当这些关键词被联系在一起时，这个饮料的功能以及广告的意图也就不言而喻了。"广告语是"Love More"。[②]

图 11－4　瑞典 MER 的植入式站台广告

4. 广告招贴画

19 世纪末，广告主已经开始租用木制框架来置放广告信息，这就是今天广告招贴画的雏形，人们习惯将其称为 Bill Board(公告牌)，现代也称其为 Poster(海报)。使用最广的海报为标准海报广告看板(Poster Panel)，包括"满板""30 全张""24 全张"。

① 阿伦斯. 当代广告学：第 7 版[M]. 丁俊杰，程坪，苑菲，等，译. 北京：华夏出版社，1999：54.
② 李明合，闫琰. 玩转媒体做创意：广告媒体创意实战解析[M]. 北京：中国传媒大学出版社，2012：202.

满板海报是指利用看板表面的全部，一般而言为 10 英尺 8 英寸（约 3.25 米）高、22 英尺 8 英寸（约 6.90 米）宽。全张（sheet）指当初所需铺满看板范围的纸张数目。过去海报多印成 24 张，但使用现代大型印刷机，24 全张的广告招贴画多以 10 ~ 18 张纸印刷。

图 11 – 5 是厄瓜多尔 ToroVazquezMora/FischerAmerica 公司 2007 年为 Quintuples 纯天然饮料创作的“树贴”海报。虽为海报，但却兼有一般 3D 艺术画的特点，在“隐蔽”的植入中，画（海报）物（树干）融为一体，极其逼真。它让我们更容易理解 Quintuples 饮料的“纯天然”性。①

图 11 – 5　Quintuples 纯天然饮料的“树贴”海报

5. 看板

看板与广告招贴画最大的不同在于看板的面积庞大，一般的看板规格为 18 英尺（约 5.5 米）高、14 英尺（约 4.3 米）宽，相当于广告招贴画的 3 倍。

英国最受欢迎的高档丝袜内衣品牌 Pretty Polly 曾于 2006 年 11 月在清晰频道（Clear Channel）的协助下精心打造出一个巨型户外立体广告（如图 11 – 6）。这则户外广告以“通往天堂”的云梯为背景，美腿女郎做模特，轻质裙子在微风吹拂之下，很

① 李明合，闫琰. 玩转媒体做创意：广告媒体创意实战解析[M]. 北京：中国传媒大学出版社，2012：200.

图 11－6　英国 Pretty Polly 的巨型户外立体广告

好地渲染出产品的高贵与性感，最终以大胆的创意使之一举成为英国著名广告牌。①

（二）交通媒体

交通媒体（Transit Media）是另一种主要的户外媒体形式，主要是将媒体信息传递给交通工具的驾驶者或乘坐交通工具的受众。出租车顶部、边侧及车内的广告，公共汽车和列车两侧及车内的广告，民航飞机和客舱内的广告，公共汽车车站和地铁站内墙壁上的广告以及机场、火车站、客运港口内外的宣传招贴等，均属于交通媒体范畴。

交通媒体是一种灵活机动的传媒形式，一般来说主要有以下几种类型。

1. 车内广告

图 11－7　联合航空公司广告

一般来说，公共汽车上的乘客可看到的东西很少，联合航空公司提供了比后脑勺更有趣的东西，乘客很容易受到它的吸引。广告让人们把脚放到它所画的脚印上，绝大多数人都会尝试这么去做。此外，乘客会由车上宽敞的腿部空间而联想到联合航空公司飞机宽敞的座位（如图 11－7）。②

车厢内的自取卡是车内广告的另一种重要形式。它通常是一叠单张纸或一叠卡片，放置在车厢广告牌的旁边，让乘客自行取阅，阅读或填写相关信息以后再交回广告主手中，它具有和印花券相同的用途。为使自取卡达到最佳效果，应注意以下两个原则：第一，所提供的赠品应该足以吸引消费者去抽取并填写该卡；第二，车厢内广告的文案及插图中，应强调自取卡，提醒人们注意并愿意去填写它。

① 李明合，闫琰. 玩转媒体做创意：广告媒体创意实战解析[M]. 北京：中国传媒大学出版社，2012：204.
② 阿伦斯. 当代广告学：第 7 版[M]. 丁俊杰，程坪，苑菲，等，译. 北京：华夏出版社，1999：538.

2. 车载媒体

随着数字技术与信息技术的不断发展与进步，车载媒体演化成为一种新型媒体，可以分为静态和动态呈现形式。车厢内一切有可能用来进行信息传播的介质都被广泛利用起来。车厢内短暂聚集受众注意力的这一特点，使其成为“离散眼球经济”时代的“冲锋陷阵者”。这里所说的车载媒体包括地铁、公共汽车、长途汽车等交通工具上一切可以用来进行信息传播的介质，如车载移动电视、车载广播、电子显示屏等。

3. 车外媒体

以往来穿梭的车辆作为流动载体，可以最大限度地将广告信息传递给车辆行进途中的受众。这种类型的媒体主要有公共汽车外侧、车顶、车后、车前展示广告牌等。

图 11－8　《卫报》车身广告

如图 11－8，在这辆车顶上我们可以看到交通广告的独特运用。标题“别跳”使楼上每一个从窗户往下看的人都能看到，无论他们是否考虑跳楼，这条标题都会引起他们的注意，然后将他们引向《卫报》（*The Guardian*）的广告。创意小组巧妙地利用了交通广告，使广告信息到达楼上的人而非街上的机动车驾驶员和行人。

4. 商品宣传公共汽车

广告主租用公共汽车，在上面装载各种促销材料、陈列物及样品等，来往于经销商和零售商之间。

5. 交通枢纽媒体

即设置于公共汽车站、地铁站、火车站、机场和码头等公共交通枢纽处的固定交通广告。主要包括：

（1）钟塔或霓虹灯广告。这种形式的广告媒体以形状酷似钟形而得名，由于广告信息后方有灯光照明，可视性很强，多置放于公共汽车的始发站和终点站。

（2）车站海报。主要摆放在火车站、公共汽车站的月台、候车室以及地铁站台、机场候机厅等地点。

(3)地铁、公共汽车车载屏幕。车站广告牌附近同样也可以配置自取卡。①

二、户外媒体的特证

(一)空间资源的独占性

户外广告媒体附着在特定的城镇空间中,地理位置的唯一性、不可再生性,决定了每一处户外媒体的独一性。因此,独占稀缺的城镇空间资源的户外媒体,具有一定的垄断效应。只要运营得当,就有较高的媒介价值。户外媒体是对多维空间的独占,其包容性、可塑性最强,被越来越多的投资者所青睐。

(二)生活轨迹的粘连性

户外广告媒体主要依据市民出行及户外生活的轨迹而巧妙设置,具有很强的粘连性和伴随性。在不浪费市民空余时间、不负担任何费用、不动用家电装备的情况下,户外广告使市民在户外经历的时空更有趣,或者提供某种便利,增添市民外出时的附加值,为市民排忧解难。户外媒体是市民的五官和肢体在户外的舒展和延伸,是市民在户外的好伴侣。随着人们生活水准的不断提高,市民越来越多的时间在户外。时空黏性很强的户外媒体,改写着市民在户外工作、学习、生活的场景,赢得市民主动的目光和自发的参与,其广告效果明显。

(三)信息传播的直白性

户外媒体是单纯的广告媒体,是快速与受众展开沟通的情感媒体,这与以传播内容为主的电视、报纸、网络等信息媒体不同。在信息大爆炸、时间越来越紧张的情况下,人们只能选择性地阅读、选择性地关注,传播的效率问题日益凸显。直白的户外广告,其传播效率无疑是很高的,要求有高超的广告创意与之相匹配。

(四)城市功能的匹配性

户外媒体主要以城市为载体,户外广告是所在城市的公开“表情”。户外媒体先于城市而存在,促进城市的形成和繁荣,并形象解读、个性烘托城市的品位,户外媒体与所在城市是相生共荣、互相促进的伙伴关系。在宜居城市建设中,户外广告媒体在树立城

---

① 汪涛. 广告管理:第二版[M]. 武汉:武汉大学出版社,2003:214-221.

市形象、提振市场经济、便利市民生活等方面，更应着力发挥人性化的公共服务功能。

（五）多维兼容的平台性

传播技术日新月异，新型媒体层出不穷，媒体的边界在消融，超媒体在孕育。户外媒体依托其独占的稀缺空间资源，可以兼容一切，也可以推倒重建，其传播地位不仅无可替代，而且历久弥新。①

第二节　户外媒体的创意与策划

户外媒体广告能不能在有限的时间、空间内抓住受众的眼球，往往取决于创意的好坏。创意无处不在，好的创意没有固定的模式，它们渗透在创作、发布、传播等一切过程中。而媒体作为承载广告信息的媒介物，理所当然可以成为广告创意的着力点。

户外媒体的创意与策划是指创意策划者面向市场变化和需求，在信息传播、运营的各个层面采取的具有创新性的策略和构思。

一、户外媒体的创意与策划

（一）户外媒体的优势

1. 重复出现，强化印象

户外广告一般使用期限较长，因而其可以在受众面前反复展示。美国知名调查公司 Daniel Starch & Staff 所做的户外广告研究表明：好的户外广告重复呈现可提高被注目度。对 23 种食物海报的研究表明，海报重复出现时的平均注目率比它第一次出现时高出了 20%。由此可知，重复暴露的次数越多，受众对广告认知的程度越高，印象就越深刻。

2. 广告成本低廉

与其他大众媒体相比，户外广告媒体的制作成本较低，并且可以重复使用、多次展

① 户外广告媒体的五大特性[EB/OL].(2012-03-29)[2015-06-07]. http://www.xdfad.com/cnewsinfo.aspx?date－＝277.

露,从每千人成本潜在暴露角度来看,成本低廉。由美国户外广告协会(Outdoor Advertising Association)资助、威伯 · 史密斯(Wilbur Smith)研究公司执行的一项调查表明,户外广告对每千户家庭的平均暴露成本只有36美分。这种低廉的价格是户外广告相比其他媒体的一个优势。

3. 具有较好的地理市场选择性

如果广告主选定了某些不同的地区性市场作为广告宣传的目标市场,那么,在这些市场区域内选择合适的地段或位置放置户外广告可以达到一定的预期目标。

(二)户外媒体的劣势

1. 信息容量有限

通常过往行人与户外广告放置处都相隔有一定距离,为使过往行人能清楚地了解广告信息的内容,字体就不宜过小。而字体增大,广告的容量就要相应减少。一般来说,只有行人能在五秒内读完全部信息内容的户外广告,才能产生良好的效果。因此,户外广告一般都只是简单地标明企业标记及产品品牌名称。

2. 形象不佳

户外广告媒体是一种大众化传播媒体,很难对高收入的受众形成特定的吸引力,尤其是高层次、彰显身份的产品。因此,广告主在选择户外媒体时,要进行综合考虑。

3. 杂乱无章

广告主为了能使自己的户外广告在众多的户外广告中引人注目,竞相别出心裁。这样就使得户外广告在整体上显得杂乱无章。同时,还有可能分散过往司机的注意力,引发交通事故。

(三)户外媒体创意与策划的原则

1. 内容简明单纯

由于阅读的时间短,分散注意力的外物又多,暗示或隐喻不容易被受众迅速接受,因此应该使用简洁明了的字眼和浅显易懂的文案。此外,这类媒体的内容诉求应只有一个重点,否则,会使仓促阅读的受众更感混乱。简明的线条、清晰单纯的图片,会使受众更易接受这类媒体传播的信息。

2. 引起注意

户外媒体的创意通常分为两类，一类是平实想法的创意，另外一类是迅速引起注意的巧妙创意。前者的优势在于，只要广告主不断地简单重复刺激，受众多多少少都会留下印象。后者将美工与文案强烈的诉求相结合，力图使人过目难忘。

3. 提出建议

一流的推销原则之一就是争取订货，强烈或温和地建议顾客采取某种行动。如“比比看，还是选择×××吧”“不要成为洗碗机器，买一部×××吧”等，都是在创意过程中采取了简单而有感染力的建议，来表达媒体的传播内容。

4. 加强可见度

繁复的设计、不易阅读的字体、不易看清的颜色，都是应当尽量避免的。户外广告的第一个创作原则就是要易读、易看、易记、醒目。恰当选择字体和背景的颜色，保证不同颜色搭配的醒目性。

（四）户外媒体的安置位置

户外媒体的特性，注定了其安放位置的关键作用。选择的安置地点是否妥当，直接决定着其传播效果的好坏。

1. 地点要求

（1）受众数量（包括过往车辆和行人数量）较多。

（2）周围置放的广告牌限于合理的数量之内，不至于因为自己的广告牌为众多其他广告牌包围，而失去过往行人的注意力。

（3）在交通管理部门限定行车速度的地段置放，做到尽可能使过往行人在有限的时间内知悉、了解该户外媒体。

（4）广告牌摆放的密集程度不至于引起潜在受众的反感。

（5）户外媒体的外形不影响过往车辆行驶和行人行走。

2. 设置方式

（1）与道路形成迎面之势，这适合于从一个方向驶来的车辆。

（2）与道路平行，这适合于从两个方向驶来的车辆。

（3）与道路形成一定的角度，这适合于通过弯道或急转弯的车辆。

二、交通媒体的创意与策划

(一)交通媒体的传播优势

1. 较高的到达率和暴露频次

交通媒体广告最大的优势在于使广告信息的到达率和暴露频次都能达到较高水平。以美国针对公路乘客的某项研究为例,公路广告在一个月当中,暴露于一般乘客面前的次数至少有40次之多。另一项研究则指出,男人平均一个月乘车43次,女人34次,15岁以上人群中有18%的人一星期乘车5次,平均搭车25分钟,而对一个28英寸(约为0.71米)长的广告牌而言,每周至少搭乘5次的乘客有34%的机会看到它。

2. 低成本

与户外广告媒体相似,由于能实现较高的到达率和暴露频次,因此从潜在暴露成本的角度来看,交通媒体是最为经济的广告形式。美国一项研究表明,一张11英寸×28英寸(约为0.28米×0.71米)标准型车内广告牌,对亚特兰大、佐治亚的潜在顾客而言,每千人成本大约为14美分。同样,以对美国费城所做的研究为例,150张车外广告牌连续出现一个月,暴露人次超过1.7亿,根据这个数字估计,每千人成本仅为6美分。

3. 较好的选择性

交通媒体具有较好的地理选择性。在规模较大的城市中,广告主可以根据自己产品的具体性能和目标消费者的类型,选择在目标消费者所在区域或经常乘坐的某一或某些路线的公共汽车上放置广告牌。

(二)交通媒体的传播劣势

1 受众范围有限

交通广告在一定程度上会遗漏许多重要的潜在客户群体,如农村居民、商务人士、专业及政府机关的人员等。如果广告的目标群体是这些人,那么通过交通媒体便不易实现有效到达。

2 形象不佳

据西方广告界的调查,受众对公共汽车尾部或后窗悬挂、粘贴的广告信息持反感态度。在这种情况下,广告很难发挥出其应有的作用。受众还会对广告主的威望及在本行业中所处的地位产生怀疑,因为交通广告被很多人认为是一种大众化的媒体。一些名气稍大的广告主会因此慎重选择交通广告媒体。

3. 不能引起立即购买

交通广告常被视为长期式的广告,特别是具有提醒记忆的功能。大多数广告主不会采用交通广告以取得销售成效,而通常视其为其他媒体的辅助,当广告没有马上显示成效时,它通常是被第一个撤掉的媒体。这通常是由于广告主忽略了交通广告的特点而造成的。①

案例一:Duracell 电池在印度的户外广告

Duracell 电池在印度的户外广告,就是借助了汽车这种交通工具,利用了视觉错觉的创意(如图 11 -9)。这类广告总能在产品、媒体和受众之间找到结合点,从而创造一种积极的视觉体验,在消费者脑海中留下深刻的印记。②

图 11 -9　Duracell 电池的户外植入式广告

---

① 汪涛. 广告管理:第二版[M]. 武汉:武汉大学出版社,2003:216-222.

② 李明合,闫琰. 玩转媒体做创意:广告媒体创意实战解析[M]. 北京:中国传媒大学出版社,2012:202.

图 11 – 10　肯德基夏季饮品广告

案例二:肯德基车站广告

肯德基夏季饮品推广采用了冷光源的创意媒体形式(如图 11 –10)。冷光源是利用化学能、电能、生物能激发的光源,物体发光时,它的温度并不比环境温度高,因此被称作冷光源。广告在北京地铁建国门换乘通道登场后,便吸引了众多乘客的目光——“水果人”居然会发光!菠萝、木瓜、火龙果、椰子在熙熙攘攘的人流中闪闪发亮,显得更加诱人,“夏日冰饮清凉一夏”的诉求即刻完美传达。

本章小结

户外媒体是一种以流动性受传者为传递目标的广告媒体形式。户外媒体的创意与策划是指创意策划者面向市场变化和需求,在信息传播、运营的各个层面采取具有创新性的策略和构思。

户外媒体的创意与策划主要体现在内容和运营两方面。其中,内容的创意与策划是关键。一个好的户外媒体创意与策划,首先必须充分研究受众的习惯和需求,借助受众十分熟悉的形象,以独特的方式传播理念。在冲击受众眼球的同时,要提炼来自生活的元素,使受众在不知不觉中产生认同感。设计一定要简单明了,这样才能方便记忆,抓住受众。

思考题

1. 与其他媒体相比,户外媒体有什么独特之处?
2. 请设计一个有关动物保护的户外媒体的创意策划案。

参考阅读

1. 阿伦斯. 当代广告学: 第 7 版[M]. 丁俊杰, 程坪, 苑菲, 等, 译. 北京: 华夏出版社, 1999.

2. 杜国清, 邵华冬. 中国户外媒体发展趋势研究报告——户外营销实战手册[M]. 北京: 社会科学文献出版社, 2008.

3. 李明合, 闫琰. 玩转媒体做创意: 广告媒体创意实战解析[M]. 北京: 中国传媒大学出版社, 2012.

Chapter 12

第十一章 自媒体的创意与策划

通过本章的学习，你将掌握：

☑ 自媒体的概念与类型

☑ 自媒体的特征与影响力

☑ 如何进行微博营销的创意与策划

第一节　自媒体概述

一、自媒体的概念

1967 年,美国哥伦比亚广播电视网(CBS)技术研究所所长 P. 戈尔德马克在发表的一份关于开发电子录像(EVR)商品的计划中首次提出了“新媒体”(New Media)一词。20 世纪 70 年代末至 80 年代,“新媒体”成为西方发达国家新闻界、学术界和科技界最热门的话题之一。随着互联网技术和移动通信技术的突飞猛进,“自媒体”这一概念依托个人终端即时通信这片充满着无限潜力的土壤而蓬勃发展,成为普通大众使用最广泛的传播平台。尤其是近年来,随着博客的出现,自媒体带来的“人人皆记者”“人人皆媒体”的态势迅猛发展。①

(一)国外学者关于自媒体的概念

对于“自媒体”的提法,美国著名专栏作家丹・吉尔默(Dan Gillmor)的《自媒体》(*We The Media*)一书以“草根新闻,源于大众,为了大众”(Grassroots Journalism by the People,for the People)作为副标题,诠释了自媒体这种新的新闻传播方式。他指出:自媒体是“私人化、平民化、普泛化、自主化的传播者,以现代化、电子化的手段,向不特定的大多数或者特定的单个人传递规范性及非规范性信息的新媒体的总称”。

2003 年 7 月,美国新闻学会的媒体中心发布了谢因波曼与克里斯威理斯两人联合提出的“We Media”研究报告,对“We Media”下了一个十分严谨的定义:“自媒体是一个普通市民经过数字科技强化与全球知识体系相连,提供并分享他们的真实看法、自身新闻的途径。”这份报告认为“We Media”改变了长期以来的新闻传播模式,随着科技进步,以往媒体由上而下传者传播新闻给受者的“广播”(Broadcast)模式,已经开始向新闻传者与受众改变角色的点对点(Peer to Peer)传播模式转换,可以称之为“互

---

① 廖旭东,王子超. 自媒体影响力分析——以 5・12 地震报道为例[J]. 青年记者,2009(02):13-14.

播”(Intercast)。可见自媒体的核心是基于普通市民对于信息的自主提供与分享。①

(二)国内学者关于自媒体的定义

张彬认为自媒体是“利用以博客为代表的网络新技术(还包括 Wike、SMS、可摄像手机、在线广播、P2P、RSS 等)进行自主信息发布的个体传播主体。在这里,新的媒介工具的产生对自媒体的产生具有关键作用”②。

汤莉萍认为自媒体是“以个人为传播者,借助互联网络或无线通信新技术,以点对点的传播方式传播内容的小众传播媒体”③。同时,她对个人媒体和大众媒体进行了比较(见表 12-1):

表 12-1　个人媒体与大众媒体比较

比较项目	大众媒体	个人媒体
代表媒体	报刊、广播、电视	博客、播客等网络媒体和手机
传播主体	机构、受传分离	个人、受传合一
传播类型	大众传播	小众传播
传播内容	宏内容	微内容
传播壁垒	高投入、专业化	低成本或零成本、非专业化
传播速度	一般有时间差	即时性
传播把关	巴斯双重把关模式	前后(弱)把关或无把关模式
传播模式	机构中心的线性传播模式	去中心的 P2P 传播模式

关于自媒体,是“We Media”还是“Personal Media”?刘立丰认为应该是“We Media”,这个词更有倾向性,突出自媒体的影响力和生命力,就是利用自身平台的特征,吸引人们的注意,创造与产生话题,影响其他媒体的传播议程设置。④

二、自媒体的类型

(一)博客

自媒体的主要表现形式之一为博客。这是一种全新的信息组织和传播方式。中文“博客”一词,源于英文单词 Blog/Blogger。Blog 是 Weblog 的简称。Weblog 是 Web

① 邓新民. 自媒体:新媒体发展的最新阶段及其特点[J]. 探索,2006(02):134-138.
② 张彬. 对“自媒体”的概念界定及思考[J]. 今传媒,2008(08):76-77.
③ 汤莉萍. 论个人媒体的概念及特征[J]. 湖南大众传媒职业技术学院学报,2008(05):21-24.
④ 刘立丰. 关于自媒体的零星素材[EB/OL]. [2016-06-07]. http://blog.sina.com.cn/fanggeyinxiang.

和 Log 的组合词。Web 指 World Wide Web,即互联网;Log 的原意是“航海日志”,后指任何类型的流水记录。合在一起来理解,Weblog 就是在网络上的一种流水记录形式或者简称“网络日志”。中文“博客”这个词汇最早是在 2002 年由著名的网络评论家王俊秀和方兴东共同撰文提出来的。

博客有 RSS 和 Trackback 两大重要的功能:通过 RSS 可以随时看到自己关注的站点的更新,通过 Trackback 则可以得到对方引用自己文章内容的反馈通知,之后还可进行互动的思想交流和学习。通过博客之间的相互链接,可以找到其他志趣相投的博客,这样实际上推动了网络的“社会化关系”。也正因为这样,博客成为社会性软件(Social Software)的重要组成部分。

目前的博客已经不再是简单的“日志”——每个博客因为内容和目的不同从而承载了大量的信息,同时也产生了一种新的“网络社会关系”。因为博客是基于个人信息的发布平台,也自然成为一种新的媒体发布形式。

(二)播客

博客目前已经扩展出了几种应用,播客是其中的一种。“播客”又被称作“有声博客”,是 Podcast 的中文直译。“播客”(Podcast)这个词是苹果电脑的“iPod”与“broadcast”(广播)的合成词,指的是一种在互联网上发布文件并允许用户订阅以自动接收新文件的方法,或用此方法来制作的电台节目。这种新方法在 2004 年下半年开始在互联网上流行,以用于发布音频文件。播客与其他音频内容传送的区别在于其订阅模式,它使用 RSS2.0 文件格式传送信息。该技术允许个人进行广播节目创建与发布,用户可以利用“播客”将自己制作的“广播节目”上传到网上与广大网友分享。这种新的传播方式使得人人都可以说出他们想说的话。

博客与播客的共同之处在于,两者都是个人通过互联网发布信息的方式,并且都需要借助于博客/播客发布程序(通常为第三方提供的托管服务,也可以是独立的个人博客/播客网站)进行信息发布和管理。博客与播客的主要区别在于,博客传播以文字和图片信息为主,而播客所传递的则是音频和视频信息;博客是把自己的思想通过文字和图片在互联网上广为传播,而播客则是通过制作音频、视频节目在互联网上传播。从某种意义上来说,播客就是一个以互联网为载体的个人电台和电视台。①

---

① 刘镇.播客:自媒体的扩张与挑战[J].传媒观察,2007(02):51-52.

(三)微博

微博,即微博客(Micro Blog)的简称,是一个基于用户关系的信息分享、传播以及获取的平台,用户可以通过 Web、WAP 以及各种客户端组建个人社区,以 140 字左右的文字更新信息,并实现即时分享。最早也是最著名的微博是美国的 Twitter,根据相关公开数据,截至 2010 年 1 月,该产品在全球已经拥有 7500 万注册用户。2009 年 8 月,中国最大的门户网站新浪网推出"新浪微博"内测版,成为门户网站中第一家提供微博服务的网站,微博正式进入中文上网主流人群的视野。①

(四)SNS 社交网站

SNS 即 Social Networking System,译为社会性网络服务,专指旨在帮助人们建立社会性网络的互联网应用服务。1967 年,哈佛大学的心理学教授米尔格兰姆(Stanley Milgram)创立了六度分割理论,即你和任何一个陌生人之间所间隔的人不会超过 6 个,也就是说,最多通过 6 个人你就能够认识任何一个陌生人。按照六度分割理论,每个个体的社交圈都会不断放大,最后成为一个大型网络。这是对社会性网络的早期理解。后来有人根据这种理论,创立了面向社会性网络的互联网服务,通过"熟人的熟人"来进行网络社交拓展。②

二、自媒体的特征

自媒体有别于由专业媒体机构主导的信息传播,它是由普通大众主导的信息传播活动,由传统的"点到面"的传播转化为"点到点"的一种对等的传播概念。自媒体的特征主要有以下几个方面:

(一)平民化,个性化

自媒体最根本的特点是平民化。从"旁观者"转变成为"当事人",每个平民都可以拥有一份自己的"网络报纸"(博客)、"网络广播"或"网络电视"(播客),媒体仿佛一夜之间"飞入寻常百姓家",变成个人的东西。人们自主地在自己的"媒体"上"想写就写""想说就说",每个"草根"都可以利用互联网来表达自己想要表达的观点,传递

① 微博[EB/OL].[2016-06-08].http://baike.baidu.com/view/1567099.htm.

② SNS 社交网站[EB/OL].[2016-06-08].http://baike.baidu.com/view/1723562.htm.

他们生活的喜怒哀乐,构建自己的社交网络。我国著名新闻传播学者喻国明形象地将此描述为“全民 DIY”:“简单来说,DIY 就是自己动手制作,没有专业的限制,想做就做,每个人都可以利用 DIY 做出一份表达自我的‘产品’来。”自媒体成为平民大众张扬个性、表现自我的最佳场所。

(二)门槛低,运作简单

对电视、报纸等传统媒体而言,媒体的运作无疑是一件复杂的事情。它需要花费大量的人力和财力去维系。并且,一个媒体的成立,需要经过国家有关部门的层层核实和审批。但是,在这个互联网文化高度发展的时代,我们坐在家中就可以看到世界上各个地方的美丽风景,欣赏到最新的流行视听,品味到各大名家的激扬文字……互联网似乎让“一切皆有可能”,包括平民大众成立一个属于自己的“媒体”。在新浪博客、优酷播客等所有提供自媒体的网站上,用户只需要通过简单的注册申请,根据服务商提供的网络空间和可选的模板,就可以利用版面管理工具,在网络上发布文字、音乐、图片、视频等信息,创建属于自己的“媒体”。拥有自媒体,不需要你投入任何成本,也不要求你有任何的专业技术知识,进入门槛低、操作运作简单,使其大受欢迎、发展迅速。

(三)交互性强,传播迅速

没有了空间和时间的限制,得益于数字科技的发展,任何时间、任何地点,我们都可以经营自己的“媒体”,信息能够迅速地传播,时效性大大地增强。作品从制作到发表,其迅速、高效,是传统的电视、报纸媒体所无法企及的。自媒体能够迅速地将信息传播到受众中,受众也可以迅速地对信息传播的效果进行反馈。自媒体与受众的距离为零。

(四)信息水准良莠不齐

个人有千姿百态,代表个人的自媒体也良莠不齐。人们可以自主成立“媒体”,发布的信息也完全是按照自己的意愿编辑的。这些信息有的是对生活琐事的流水账式的记录,有的是对人生境遇的深刻感悟的集锦,有的是对时事政治的观察评论,有的是对专业学问的探索与思考。在自媒体上发表信息相对自由,自媒体取消了传统媒体编辑决定发表的权利,让各种信息“肆意”传播。优秀的自媒体可以让受众得到生活的启发或者有助于事业的成功,让人们发现生活的意义与价值。但大部分的自媒体只是一些简单的"网络移植",记录一些流水账式的内容,甚至是一些不健康的内容。

（五）可信度低

网络自媒体的数量庞大,其拥有者大多为"草根"平民,网络的隐匿性给了网民"随心所欲"的空间。有的自媒体过分追求新闻发布速度或者点击率,而忽略了新闻的真实性,导致一些民间写手降低了自身的道德底线,从而导致了自媒体传播的信息可信度低的问题。

（六）相关法律不规范

让个体声音得到充分释放的同时,势必也会让一些与法律、社会道德规范相悖的声音得以散播。自媒体是个人言论自由权的延伸,从一诞生就受到了诸多法律的制约。如何在法律上对自媒体进行进一步规范与引导,迫切需要全社会来共谋良策。

四、自媒体的影响力

总的来说,自媒体也具备新媒体的特点,如信息传播迅速,可以加入链接进行深入分析和深度报道等。但其更为显著的特点是以一点对多点的方式对信息进行自主发布。可以说,自媒体相对于传统媒体和新媒体而言,更有其自身的特点和独特的影响力。

（一）自媒体传播的信息接收度较高

通过自媒体发布的消息,本身站在普通大众的立场,报道的都是与大众切身利益相关的问题,更加符合新闻报道的"接近性"(这里重在心理接近性)原则,更易让人们接受。另外,在市场运作模式下,传统媒体的媒介寻租、有偿新闻等行为时有发生。而自媒体的传播主体很多来自社会底层,相对于传统媒体的从业人员来说,这些非专业的新闻传播者表现出无功利性,受"把关"控制也较少,因此他们传播的信息更少带有预设立场和偏见,对新闻事件的判断往往更客观、公正。基于以上原因,自媒体报道的新闻事件往往更能受到大众的关注。

（二）自媒体形成极具舆论导向的"公共领域"

自媒体的出现使传播资源不平衡的格局在一定程度上得以改变,其方便简捷、成本低廉、便于接近等优势,使普通群众也可以利用自媒体让其他人和社会组织听到自己的声音,使“社会个体方便地借用网络,安全自由地表达自己对社会某一事务的关注,并且形成一种虚拟的利益共同群体,以影响政府和政治家”。可以说,今天在公共场合中开展的为进行信息交换和公共讨论的“空间”,即德国哲学家尤尔根·哈贝马斯提出的“公共领域”,在很大程度上源于自媒体发掘的事实和制造的话题。

另外,根据长尾理论,经自媒体传播的信息经过大量的复制、转载、流通之后,众多“小众”关注的话题汇聚成公众舆论关注的焦点,可能成为传统媒体议程设置的对象和政府重视的问题。

(三)自媒体的应用带来信息量的激增,能促进有关问题的解决

在传统媒体时代,人们的关注点被传媒设置的议程所引导,媒体报道什么,我们就关注什么。而新闻记者发现的新闻源通常都是间接的,且有一段间隔时间,这就使得记者在进行客观报道时失去了天然的现实材料和现场感觉,更何况有些事实是记者无从得知的,这就使人们所能感知到的外部世界大为受限。自媒体的使用形成了“人人皆媒体”“人人皆新闻”的态势,给发掘新闻带来了极大的便利,从而使人们感知外部事物变化的能力大为增强。①

第二节 自媒体的创意与策划

自媒体的创意可以是媒体本身的创意,如 SNS 社交网站推出的新功能、微博推出的新 App 应用,都能引起网民的追捧;还包括网民们在自媒体平台根据自己的知识背景、文化素养、生活体验等,利用自媒体这个平台创作出的内容。随着互联网的发展,企业、工作室等更多地利用自媒体对潜在的商业客户进行网络营销与宣传,往往带给受众耳目一新、创意无限的感觉。

一、自媒体时代的受众特征

自媒体对受众的准入原则降低,一方面丰富了单一的受众群体,另一方面也带来

① 张莹.浅析“自媒体”的特点[J].科教文汇,2008(02):202.

了受众的多元化。第一,受众男女比例开始趋向平衡,但女性受众比例仍低于男性。第二,受众受教育程度参差不齐。第三,受众年龄跨度增大。以年轻受众为主受众的两性化比例趋于平衡,关于女性群体事件的关注度在逐渐增加,在对某些事件的看法上会导致男女"分化"。受教育水平的高低会带来事件认识的分层化和从众化碰撞。而年龄的跨度本身就是意识的鸿沟,差距越大意识分化就越大,所以更多的受众会在年龄跨度较小的单位寻找"聚合点"。①

二、微博营销的创意与策划

微博营销已经成为被越来越多品牌所关注的营销方式,怎样运用微博找到潜在的消费者,维系与现有消费者之间的关系,与他们进行更多的互动与交流,提升品牌在他们心中的好感度与亲密度,也就成为业界不断探索与研究的课题。

微博是社会化媒体的一种形式,而社会化媒体的一个突出特点就是自媒体属性。简单地说,自媒体就意味着"人人都是媒体"。然而自媒体与传统的媒体之间还是存在根本性差异的,也就是这样的差异决定了营销手段的不同。

(一)人人都是媒体

自媒体平台上的每个用户都不再是单纯的受众,而是具备媒体与受众的双重身份。这与传统媒体的"我说你听"是截然不同的,这就使得自媒体平台呈现出"去中心化"的特征,每个人都成为信息传递的一个节点。可以试图引导用户与传播,但无法去控制和事先描绘出传播曲线。

以微博为例,现有的工具确实能在传播之后描绘出一条微博信息的传播扩散图,并且可以从中看出一些所谓的"关键节点",然后就会发现关键节点通常都是粉丝较多以及已有较大影响力的那些用户,如名人、明星等。但是,这个传播扩散经验能成功复制到下一条微博信息吗？答案却是让人怀疑的,就算我们知道有这些关键节点用户,如果你的信息没有让他们觉得值得去转发,他们同样不会转发。而就算你用种种方式让他们转发,但这条微博信息的内容如果不符合关键节点用户的粉丝们的需求与喜好,他们同样会有很大的概率选择忽略。

由此可见,抓住关键节点用户确实是一项重要的策略,但这并不能保证信息传播

---

① 咸玉柱,罗彬.自媒体环境下受众的"聚合"与"分化"[J].新闻世界,2015(06):143-145.

会符合我们预设的路径。因为人人都是媒体,人人都是信息的出发点。想要真正获得良好的传播效果,在抓住关键节点用户之前,必须进行切实有效的内容策略规划,同时,真正生产高质量的内容。

人人都是媒体,也就意味着信息真正变为海量。在海量的信息中,品牌想要拥有巨大的声量,光靠嗓门大是不够的,必须言之有物。内容为王,创意为先。内容与创意不再是两件事情,而应该是融合在一起彼此加乘的。品牌要想在社会化媒体上获得消费者的喜爱,发布信息时必须同时具备这两样。

(二)"你也是媒体"

首先,作为一个媒体,品牌在自媒体平台上必须产出内容,用户根据内容在自己心中形成对于这个品牌的印象。"杜蕾斯"的风趣、"快书包"的贴心,这些不是它们贴在自己额头上的标签,而是用户通过其日积月累发布的内容而慢慢认可的。只不过,好印象的建立可能需要相当长的时间与相当多的努力,但是坏印象的产生,则是一瞬间的事。

其次,作为一个自媒体,与传统媒体不同的是,品牌必须意识到自己是社会化媒体平台上的一员,并不是掌控所有言论渠道的中心。你无法禁止其他用户谈论你,更无法要求其他用户按照你的意愿去谈论你。你所有能做的就是引导、影响、沟通。

最后,自媒体平台上的行为具有社交属性。社交就意味着必须具备基础的礼仪与方式。及时回应、控制情绪、表达善意、注重礼节、多倾听对方、让自己更有趣、凸显自己的特质与魅力……在生活中受到欢迎的窍门在管理品牌微博上同样适用。①

案例:优衣库的社交网络营销案例

1. 案例介绍

2010 年 12 月,服装品牌优衣库在中国内地推出了与人人网独家合作的"Lucky Line"活动,两周网络虚拟排队人次超过 133 万,效果大大超出之前预期的 100 万。优衣库负责人表示,这次排队活动不仅为优衣库人人网公共主页赚足了人气,更有效地在圣诞节期间促进了优衣库实体店的客流导入。活动的成功也再次证明了 SNS 社交网站的传播优势。

---

① 品牌与自媒体[EB/OL].[2016-06-07]. http://wenku.baidu.com/link? url = _EPJSS6br - 6qIX4u9WNsl - dnBzw - fodTebs2wdRyITAJDDZOs818BeBUQuvnKQglJ477P2FAcVSwjcF1wIBNOYumV22ol8meaT2IXKO.

2. 案例评析

(1)动因:真实好友关系 + 奖品刺激

参与者只要用自己的人人网账号登录优衣库官网,可以选择一个喜欢的卡通形象,并发表一句留言同步到人人网新鲜事,就可以用这个"小人"和"其他人"一起,在优衣库的虚拟店面前排起一串长长的队伍。等待的同时也绝不会无聊,把鼠标移到队伍中的其他顾客,将显示此人的人人网账号姓名和留言。在活动页面还能看到实时更新的人人网好友留言,在线"与好友聊聊"。

参与者每隔 5 分钟即可参与一次排队,而每次排队都有机会抽奖。除了每天随机赠送的一部 iPhone 或者 iPad,如果你在队伍里恰好排到第 10 万或者第 50 万这样的幸运数字,还可以得到 4999 元旅游券或者 20 件衣服的大礼包,中奖率颇高的九折优惠券也能让参与者不会空手而回。同时,优衣库的公共主页每天都会在相册公布得奖者的人人网照片,更加体现了抽奖的真实性,这些都为参与者提供了源源不断的"排队"动力。优衣库巧妙利用 SNS 社交网站的真实好友关系,再加上奖品的刺激,形成简单而有趣的活动机制,是吸引用户"排队"的主要动因。

(3)效果评估:再创"人人啸应"新神话

活动开始前期,优衣库就在全国各大店面展示了活动的宣传海报,但如此之快的传播速度还要归功于 SNS 网站用户的自传播。用户参与的每一次登录、留言、成为粉丝、聊天等行为都会触发不同的新鲜事告知参与者的人人网好友,吸引更多好友的参与。

优衣库的成功也充分印证了人人网在 11 月发布的"人人啸应"——SNS 社交媒体广告价值衡量标准的理论价值:付费媒体(Paid Media)——优衣库的社会化广告和公共主页,每一轮曝光都获得了用户的点击、后续行为以及新的粉丝,由广告带来的参与人数和粉丝数为 20,738;免费媒体(Earned Media)——新鲜事带来的口碑传播曝光、点击、行为和粉丝,由新鲜事带来的参与人数和粉丝数为 115,000;自有媒体(Owned Media)——最终广告 + 好友口碑的传播直接促进了粉丝数累积超过 13 万。[①]

---

① UNIQLO 社会化媒体营销案例[EB/OL].[2016-06-07]. http://wenku. baidu. com/link? url = sjTxhYsza - n68jpxzCsCbQtiSRYTet759 - svs - 8XGNNlKzGkFjTGUlRZxuIA9sg3I2FaxQnhCpxTkALY4WxIaxqE8DTupJFjS6UEaxhiCJS.

本章小结

一、传播的互动性

在自媒体传播的过程当中,接收体和信息源产生互动。我们拿手机看视频、读新闻、发消息,它的互动性是传统媒体所不具备的。这就要求要有清晰的传播路径,要进行有效的策划,使信息在传播过程中的效应逐步放大。

二、形式的多样化

比方说同样是一部手机终端,运营商提供的服务有以流量计费的网站、铃声等;有以流媒体技术出现的在线视频,如手机优酷;有提供5G服务的可视电话、手机电视等。因此,在自媒体上发布应用程序或者内容的时候,就需要更多地考虑人机结合、界面的友好度、人性化的操作等,以符合受众的生活习惯、操作习惯。

思考题

1. 自媒体有哪些类型?
2. 自媒体有哪些特征?
3. 如何进行微博营销的创意与策划?

参考阅读

1. 刘瑞军. 自媒体营销实战全攻略:全面拆解自媒体营销模式[M]. 北京:人民邮电出版社,2014.
2. 波特,华莱士. 自媒体时代,我们该如何做营销[M]. 刘锐,译. 北京:中国人民大学出版社,2014.
3. 崔小屹. 玩的就是自媒体[M]. 北京:中国财政经济出版社,2016.

Chapter 10

第十二章
社交媒体的创意与策划

通过本章的学习，你将掌握：

☑什么是社交媒体

☑社交媒体的类型和特点

☑如何进行社交媒体的创意和策划

第一节　社交媒体概述

一、社交媒体的定义

关于社交媒体(Social Media),目前并无统一定义。百度百科对其的定义为:社交媒体指互联网上基于用户关系的内容生产与交换平台,是人们用来创作、分享、交流意见、观点及经验的虚拟社区和网络平台。

在社交媒体中,众多的用户可以通过撰写、分享、评价、讨论等方式互动,然后自发地贡献、提取、创造、传播各种资讯。西方学术界对于“社交媒体”(Social Media)的理解和使用比较宽泛,通常认为它是“建立在 Web 2.0 的理念和技术基础上的互联网应用,用户可以基于这类互联网媒体进行内容生产和交流”。社交媒体在互联网的沃土上蓬勃发展,爆出令人眩目的能量,其传播的信息已成为人们浏览互联网的重要内容,不仅制造了人们社交生活中争相讨论的一个又一个热门话题,更吸引了传统媒体争相跟进。

社交媒体和一般的社会大众媒体最显著的不同是:让用户享有更多的选择权利和编辑能力,自行集结成某种阅听社群。社交媒体能够以多种不同的形式来呈现,包括文本、图像、音乐和视频。

二、社交媒体的类型

由于移动社交媒体自身属性特点,想要将其清楚界定、划分不同类目且不相重合实属不易,而学界、业界对此也说法不一。在这里,不得不提到的一点是,随着互联网的普及、移动应用技术的发展,用户需求的多方延伸,直播、语音、图片等多种形式的快速渗透、融合,越来越多的平台型应用开始借助于此快速进行社交化发展。即时通信社交与综合社交进行融合,出现了社交属性与多领域交叉的情况,因此本书认为一些应用平台只是具有社交属性,并不属于社交媒体,而是属于“泛社交”的范畴。

综上，本书尝试按照社交媒体的偏重表现形式进行划分。

（一）视频社交

视频类的社交媒体大致分为三类，即长视频、短视频以及直播。此类社交媒体的接触在大众日常生活当中占有很大的比重，特别是近几年短视频平台的兴起与发展，使得这一比重有增无减。现如今，媒体表现形式的融合，使得这三种形式往往一同出现在某一个应用平台当中。

1. 长视频

在长视频领域，比较具有代表性的是哔哩哔哩。哔哩哔哩作为当今中国年青一代高度聚集的文化社区和视频平台，更加偏向于多个圈层文化社区的构建，以及多元内容的创作与分享。用户可以通过在线视频的形式传播、分享个人的创作内容，并与其他用户进行互动连接。

2. 短视频

近年，短视频作为拥有极强的用户黏性以及互动性的社区平台，实现了跨越式的发展。截至2020年12月，我国短视频用户规模达到8.73亿，月活用户规模过亿的应用有抖音、快手、西瓜视频和火山小视频，各级政府开通的政务抖音号达26,098个。短视频在多个领域都得到了广泛应用，在网络流量方面，短视频已超过了图文、网络电视、长视频和直播。

3. 直播

随着数字经济的迅速发展，直播已经成为人们数字化生存的新形态，构建着人们的信息消费、价值分享及产业发展的新模式。直播平台有斗鱼、虎牙、一直播等，众多其他的社交平台尽管没有独立的直播终端，但也有直播板块的存在。直播平台的互动、及时、娱乐等特点使得“直播＋”模式也向产业链各端渗透。

（二）图书阅读

百度阅读：百度阅读器是百度公司推出的一款集本地文档管理、阅读以及在线文档查阅与管理于一身的多功能客户端阅读软件，提供给用户更良好的阅读体验。其支持pdf、txt两种格式，并引入小说、畅销书、应用书籍、经典文学等各类阅读资源，满足不同用户的阅读需求。

微信读书:微信读书是基于微信关系链的官方阅读应用,在提供极致阅读体验的同时,为用户推荐合适的书籍,并支持查看微信好友的读书动态、与好友讨论正在阅读的书籍等。

(三)图片社交

以极具代表性的摄影美图应用美图秀秀为例,其初创阶段所推出的产品理念即“一款免费的图片处理软件”,为用户提供智能的拍照修图服务。而在 2018 年 4 月,美图秀秀推出“美图秀秀社交圈”,在该社区,用户能够分享图片、交流观点,从此美图秀秀从影像软件升级成为社区平台,成功搭建起了图片社区。

(四)通信社交

腾讯 QQ:腾讯 QQ 不仅仅是简单的即时通信软件,它与全国多家寻呼台、移动通信公司合作,实现传统的无线寻呼网、GSM 移动电话的短消息互联,是国内最为流行、功能最强的即时通信(IM)软件。腾讯 QQ 支持在线聊天、即时传送视频、语音和文件等多种多样的功能。

微信:微信支持跨通信运营商、跨操作系统平台通过网络快速发送免费(需消耗少量网络流量)语音短信、视频、图片和文字,同时也提供各种服务插件。用户可以通过“摇一摇”、“搜索号码”、“附近的人”、扫二维码方式添加好友和关注公众平台,将内容分享给好友以及分享到微信“朋友圈”。

探探:探探是一个基于大数据智能推荐、全新互动模式的陌生人社交 App。探探根据用户的个人资料、位置、兴趣爱好等信息,计算并推送身边与之匹配的人,帮助用户结识互有好感的新朋友。探探不仅基于 LBS,还会根据用户的共同兴趣爱好、共同好友、曾经共同经过的地点等十几项信息,计算并推送与之匹配的人。为了让用户在探探上有浪漫的感觉,最新一版的探探推出了“擦肩而过”功能,给用户推荐和自己一天中经过相同地点的人,用户可以看到两人曾经“擦肩而过”的地点、次数。

(五)社区

小红书:小红书是一个生活方式平台和消费决策入口。在小红书社区,用户通过文字、图片、视频笔记的分享,记录时代的正能量和生活的美好。小红书作为一个生活方式社区,其独特性就在于,大部分互联网社区多是依靠线上的虚拟身份,而小红书用户发布的内容都来自真实生活,一个分享用户必须具备丰富的生活和消费经验,才能有内容在小红书分享,继而吸引粉丝关注。大部分网络社区都是虚拟社区,用户在线上消费内容,体验也在线上结束。而小红书被称为"三次元社区",这是因为用户在小红书不管是看了美食,还是旅行目的地,都必须回到现实生活中去消费,才能完成这个体验。在小红书,一个用户通过"线上分享"消费体验,引发"社区互动",能够推动其他用户"线下消费",这些用户反过来又会进行更多的"线上分享",最终形成一个正循环。而随着人民生活越来越走向数字化,小红书社区在"消费升级"的大潮中发挥越来越大的社会价值。

知乎:知乎是网络问答社区,连接各行各业的用户。用户分享着彼此的知识、经验和见解,为中文互联网源源不断地提供多种多样的信息。对于概念性的解释,网络百科几乎涵盖了你所有的疑问;对于发散思维的整合,则是知乎的一大特色。

微博:微博是一个基于用户关系的信息分享、传播以及获取的广播式的社交媒体、网络平台。用户可以通过 Web、Wap、Mail、App、IM、SMS 等多种终端接入,以文字、图片、视频等多媒体形式,实现信息的即时分享、传播互动。微博即时通信功能非常强大,其实时性、现场感以及快捷性,甚至超过所有媒体。

豆瓣:豆瓣的核心用户除了阅读、看电影、听音乐,更活跃于豆瓣小组、小站,对吃、穿、住、用、行等进行热烈的讨论。凭借独特的使用模式、持续的创新和对用户的尊重,豆瓣被公认为中国极具影响力的 Web2.0 网站、行业中具有良好口碑和发展潜力的创新企业。

(六)音乐社交

以全民 K 歌和唱吧为代表的音乐社交产品,围绕"音乐 + 社交"打造出了新的娱乐生态。其推出的虚拟礼物以及道具,在加强用户黏性、提高用户参与热度、满足用户多重需求的同时,也打造了音乐社交平台的粉丝经济,并由此不断地进行商业化探索,不断完善音乐社交娱乐生态。

(七)购物

拼多多:拼多多是国内移动互联网的主流电子商务应用产品,是专注于 C2M 拼团购物的第三方社交电商平台。用户通过发起和朋友、家人、邻居等的拼团,可以以更低的价格购买商品。沟通分享的社交理念,形成了拼多多独特的社交电商思维。

闲鱼:闲鱼是阿里巴巴旗下闲置交易平台,为用户提供转卖个人淘宝账号中"已买到宝贝”、自主手机拍照上传二手闲置物品以及在线交易等诸多服务,实现 B2B 的交易模式。

(八)运动健康

Keep:Keep 提供健身教学、跑步、骑行、交友及健身饮食指导、装备购买等一站式运动解决方案。Keep 也设有社区,用户能够在这里分享、交流个人的健身经验等。

第二节 社交媒体的创意

一、社交媒体的特点

(一)传受双方相互转化

受众在传统大众媒体时代仅是内容的消费者,以一种被动的方式存在。而社交媒体则打破了生产、消费、传播的界限,用户既可以充当消费者,又可以充当内容生产者,同时积极扮演传播者的角色。社交媒体本身弱化了内容生产功能,平台的提供者让用户深度参与内容的制作生产,并利用他们的人际关系来实现传播,在此过程中传受双方相互转化。

(二)传受双方地位平等

在社交媒体当中,传播主体与受众是互相尊重的平等关系。他们共同驾驭社交媒体传播工具,以平等的方式完成信息传播,共同享有社交媒体上的信息,以达到共同的完善和发展。在社交媒体中,没有传者与受者,只有信息的参与者。凭借传受平等理念的产生以及平台多元化的有利条件,传受互动的社交媒体对传媒业的发展贡献不容小觑。

(三)传受双方互动频繁

社交媒体信息发布门槛低,传播方式更为灵活,因此传受双方的互动十分频繁。它在形式上表现为传者和受者之间交流互动的增强,具体体现为评论、转发、回帖等形式。在社交媒体的互动环境中,信息不再依赖一方的发出,而是在双方的交流中形成。

部落化的社交媒体是个性化偏向的媒体，它存在的根基是人们可以在平台上自发地创作、转发、传播以自我为中心的信息，即传播内容为我所需。社交媒体的这种用户自我决定、自我选择、自我生产模式决定了它不是一个理想的公共领域，不利于形成统一的价值观念和舆论诉求。这种分裂式的新传播生态使得传统的中心影响力在一定程度上失效，人流被分割为小块，向着更为细小的信息空间流动，为微小的传播部落提供了繁衍的空间，促进了受众间小共同体的形成。

（四）以情绪为主导

在社交媒体时代，围观就是力量。为了聚集更多人的围观，人们在信息传播过程中对信息内容索取比较粗略化，在获取关注度的同时，也引发了一系列的媒介问题。从心理学角度来讲，情绪化是指一个人容易因或大或小的因素发生情绪波动，人们在社交媒体中的情绪化则表现为对网络媒体信息内容传播的不理智状态。因此，社交媒体是一把双刃剑，在给人们提供方便的同时，也给人们带来了不少问题。

二、社交媒体的优劣势

（一）优势

1. 自主性

社交媒体，也称为社会化媒体，是人们用来创作、分享、交流意见、观点及经验的虚拟社区和网络平台。与一般的社会大众媒体最显著的不同是它让用户享有更多的选择权利和编辑能力，自行集结成某种阅听社群，由自己控制社交关系，选择自己的社交圈，极大地体现了用户的自主性。

2. 便捷及时性

与传统媒体相比，社交媒体具有及时更新的优点，用户不仅可在第一时间接收到外界发布的信息，进行及时的交流互动，还可以根据信息内容实时发表评论，大大提升了信息的到达率和反馈率，做到了信息内容的实时传播，同时对于历史信息的查阅也更加方便与快捷。

3. 利于营销

由于互联网联通的特性，分享、评论和浏览可以被追踪和统计，使得社交媒体也成为营销的一块沃土。社交媒体营销以信任为基础的传播机制以及用户的高主动性、参与性,很容易影响网民的消费决策,企业利用其宣传自己的产品,能在潜移默化中影响客户。同时,人们在社交媒体分享信息和讨论问题,这种不断的交互和提炼能够有效地对某个主题达成共识,为品牌提供了大量被传播和被放大的机会。

(二)劣势

1. 侵蚀注意力,碎片化时间

伴随着社交媒体的产生和发展,人们使用手机的时间和频率逐渐增加,大脑被随时随地都可能发来的信息训练得极其敏感,难以集中注意力。社交媒体在不知不觉中将人们的整块时间碎片化,如抖音、快手等平台上短短十几秒的视频能让人们无意识地花费几个小时来观看浏览,极易沉迷上瘾,浪费时间。

2. 导致健康问题

(1)睡眠障碍。研究表明,过度使用社交媒体会严重干扰睡眠,人们在社交媒体上花的时间越多,其睡眠质量越差,睡眠时间也会减少。对于社交媒体影响睡眠有两种解释:一是手机等设备发出的蓝光等会影响褪黑素的分泌,破坏睡眠状态。二是人们往往选择睡不着的时候使用社交媒体打发时间,却容易适得其反,更难以入眠。

(2)焦虑。社交媒体使我们处于一种信息超载的环境,信息过多,要花费大量的时间和精力去处理,容易导致生理和心理上的压迫感和焦虑感。有学者将社交媒体使用与焦虑之间的关联归咎于"社会比较(Social Comparison)"的心理学现象。人们容易将自己的日常生活和社交媒体上发布的被精心修饰过的"日常"进行比较,从而产生失落感甚至是焦虑感。

(3)孤独。研究证明,社交媒体的出现和使用进一步加剧了人们内心的孤独感。虽然社交媒体方便了人际沟通,但也使得越来越多的人在虚拟的社交世界花费大量时间,甚至疏远了身边的亲人、朋友,而后者才是消除孤独感的关键。

(4)抑郁。诸多研究已经证明,抑郁频发与社交媒体使用有关。社交媒体可以带来三重抑郁感:网络欺凌、对他人生活的扭曲看法、浪费时间的认知。可见,社交媒体是把"双刃剑",在带给我们愉悦的同时,也让我们为之付出一定的代价。

总之,社交媒体的使用有利有弊,使用任何东西都应该适可而止,更好地利用社交媒体才能让技术发挥更大价值,帮助人们获得更多的美好。

三、如何进行社交媒体的创意

社交媒体是数字传播时代的部落化媒体，主要以关系为纽带，以分享为动力进行互动营销传播。因此，社交媒体的创意不仅要新潮有趣，还应充分考虑不同受众群体的需求，令其产生情感共鸣，从而激发其分享欲，达到传播效果。

（一）注重用户思维，满足用户分众化需求

互联网“去中心化”的特点改变了传统媒体时代的传受关系，受众不仅仅被动地接收信息，实现了从受众向用户的转变。因此，社交媒体的创意要注重用户思维，从用户的角度出发去考虑创意的可行性。但是，互联网“去中心化”的持续发展事实上是以趣缘为连接纽带的“再中心化”，互联网对于个体赋权的能力让任何人都有机会发出自己的声音，长此以往，具有共同兴趣爱好、行为规范、价值观念的人聚集在一起形成特殊社群。比如，知识分子聚集在知乎、豆瓣是文艺青年的聚集地，这些社群往往垂直化较为明显，所以，在进行社交媒体创意时，要充分意识到用户需求的转变，挖掘用户价值，发现长尾理论，满足用户分众化的需求。

（二）情绪传播，引发心理共鸣

社交媒体时代又称为互动营销时代，任何的传播、互动都是为了营销。相对于大众媒体时代将内容奉为圭臬，注重经验、逻辑、理性、思辨；社交媒体时代更重要的是情绪的传播，用户不会关注传播的内容是否符合事实、逻辑，只在意是否挑动其情绪，从而赢得其态度认同和立场认同。任何涉及情绪传播的内容都会引起广泛的关注，比如性别歧视、地域歧视，只要有撕裂的地方就有情绪，只要有情绪就有流量。因此，成功的社交媒体的创意要实现情绪的溢散和共鸣，从而产生互动传播，达到营销的效果。

（三）了解平台特性，深耕垂直领域

美国社会学家格兰诺维特最早提出了“强关系”和“弱关系”的概念。强关系指联系频繁的关系，弱关系则是联系不够频繁的关系。社交媒体中也存在着强关系和弱关系，一方面，相较于大众媒体时代单一的信息平台，移动终端的便携化出现了一个 App 就是一个平台的现象，而驱使平台内部运行以及跨平台传播的动力就是关系。尼古拉

斯·克里斯塔基斯、詹姆斯·富勒在《大连接》中指出:“强连接引发行为,弱连接传递信息。”①但是,在社交媒体时代,每一个平台都是一个社群,即使联系未必频繁,但基于共同爱好的弱关系一旦触发,也会令用户产生分享欲。另一方面,不同平台有不同的调性和运行机制,比如,抖音短视频通过点赞和浏览不同类型视频的时长来给用户画像、贴标签;小红书则在用户登录时呈现美妆、护肤、健身、摄影等多种类型的细分领域且要求至少选择 4 个领域关注,以此来实现定向传播。所以,社交媒体的创意既要向纵深发展,注意创意的垂直深度,又要兼顾平台特性,选择与平台运行机制相适宜的传播方式。

案例:故宫文化社交媒体创意分析

故宫这座历经数百年沧桑的宫殿,是中华民族的标志性建筑,也是中国传统文化的积淀。随着社会的发展和互联网的普及,故宫顺势而为逐渐揭开它神秘的面纱,从原先高高在上的皇家宫殿,一跃成为全民喜爱的文化 IP,穿越时空,连接历史和现在。这和其团队的创意运作息息相关。

1. 新旧元素结合,满足用户分众化需求

故宫文化要想实现跨界融合,本质上还应从现代化的分众需求入手,让传统文化嵌入日常生活中,打造一种“故宫式”的生活方式。一方面,故宫的文化创意从日常的需求入手,将故宫的花草、珍宝、建筑物等传统元素融入日常用品中,做出扇子、耳饰、丝巾、帆布包、手账本等,并制作精美的图片发布在“故宫博物院”官方账号。另一方面,故宫的文化创意深耕垂直领域,满足不同群体对于传统文化的需求:如果单从满足日常所需来进行文化创意,未免太流于表面,故宫博物院作为我国九大博物院之一,其文化地位是不可撼动的,但是对于儿童来说,要了解故宫博物院里庄严肃穆的形象又有些困难,因此,故宫运用创意的形象思维推出可爱的卡通形象——龙爷爷,开发系列音视频课程,用故事的方式讲述故宫的“前世今生”,还出版了《中轴线上的城市》《宫里的那些事》《最美的建筑》《宫殿平地起》等儿童读物,为孩子们开启一场奇妙之旅。除此之外,故宫将中国红元素和美妆融合,从女性对美的需求出发,在故宫建成 600 年之际,与 MAOGEPING 推出“气韵东方”系列彩妆,在展现故宫底蕴和文化的同时传递出东方色彩。

---

① 克里斯塔基斯,富勒. 大连接[M]. 简学,译. 北京:中国人民大学出版社,2013.

2. 推出"萌系"产品,进行情绪传播

传播美景、美色、萌宠最能刺激用户内心深处的情感,引发共鸣,这个规律在社交媒体上犹为突出。故宫文化创意充分意识到这一点,转变"高冷路线",推出"萌系"产品,引发情感共鸣。故宫里有上百只猫,这些猫咪深受人们喜爱,所以故宫文化将猫咪作为创意的灵感来源,趁势打造了一个专属于故宫的卡通形象——故宫猫,猫咪身穿皇帝或宫廷侍卫的服饰,眼神萌萌,表情变化丰富,时而严肃、时而呆滞,广泛应用于故宫文化衍生的一系列文创产品。因为故宫猫的可爱和故事性符合年轻化的审美而广受欢迎,消解了故宫的文化距离,在微博等社交媒体上更出现"故宫的猫"等超话,来到故宫的游客自发将萌萌的故宫猫照片发布在账号上,供大家观看转发。除此之外,故宫文化创意还推出过俏格格娃娃、"奉旨出差"的行李牌、以尚方宝剑为外形的中性笔、萌兽雪糕等系列萌产品,通过"萌 + 历史"的形式,让历史不再冰冷,以开放和包容的心态面对年轻群体,激起大众的情绪和分享欲,实现了更好的传播效果。

3. 利用平台优势,打造媒介矩阵

故宫的文化创意不光是内容和形式上的创意,还体现在平台上的创意,在传播过程中充分利用各平台的优势,多渠道齐发力,为故宫文化创意的传播打造媒介矩阵,实现其文化创意知名度的提升。微博是一个互动性极强的信息传播平台,其用户百分之八十以上为年轻群体,故宫文化创意准确抓住微博即时性、碎片化的传播特点,发展了故宫文化创意的微传播,其官方账号"故宫博物院""故宫淘宝"粉丝分别为1015万和101万。2017年,故宫淘宝发布了《够了! 朕想静静》的文章,以调侃的方式讲述了明朝最后一位皇帝朱由检的故事,故事中的皇帝一改往日的威严肃穆,手拿机关枪,旁边还配有"总有刁民想害朕"的字样,身份证住址一栏写着"北京紫禁城想住哪住哪",这样别出心裁、创意满满的博文一经发出就引起了网友的狂欢,大家纷纷留言转发。随后,故宫淘宝又推出李清照卖萌照片、将满洲第一个勇士鳌拜的名字引申为英文"all buy",可爱幽默的历史人物符合年轻化的审美,吸引大众进行点赞分享,从而进一步扩大了故宫的知名度,也为其淘宝的文创商品进行了软营销。相较于文字,视频的表现力和冲击力更强,故宫的文化视频主要包括纪录片、电影和综艺,纪录片《我在故宫修文物》在豆瓣获得9.4的高评分,B 站观看量超 960 万,该片从生活的角度入手,记录故宫工作人员的日常,让故宫走下神坛,增添了生活气息;综艺《上新了故宫》从文物、历史的细微角度去解读故宫,以寻到的文物作为灵感来源,请专业设计师和高校设计专业学生联手开发文创产品,观众“零距离”参与文创产品的制作过程,打破了大家对故宫的刻板印象。故宫文化创意视频制作精良,首次宣发就在社交媒体上获得了极高的关注度,播放后,各个平台的 UP 主和故宫文化的爱好者进行原始素材的二次创作,这些用户自主制作的内容短小精悍,在社交媒体上广泛传播,无形之中为故宫文化创意 IP 进行了二次扩散。

4. 病毒式营销,扩大传播效果

病毒式营销是社交媒体时代较为流行的一种营销方式,它是指事件像“病毒”一样快速传播,主要是基于受众的口碑传播。但是,具有创新点、能引爆用户情绪的传播内容和高效的传播渠道是病毒式营销成功的必备要素。故宫建成 600 周年之际,故宫文化与毛戈平联手推出“星光永恒 时空系列”限定彩妆,在微博上引发热议,经多名美妆博主测试后迅速登上微博热搜。创意来源于故宫博物院珍藏的“日月星晷仪”,集日晷、夜晷、星晷为一体,日升月恒,星河长灿,故宫的浪漫星河这个独具创意的内容成为引爆点,不仅抓住女性“口红社交”的心理,更重要的是意识到在社交媒体上年轻群体更易受到意见领袖的影响,刷屏式的用户生产内容更易引发消费冲动。联名限定彩妆以李佳琦的淘宝直播间为起点,以微博平台为渠道,准确击中年轻人的喜好和信息传播习惯,成功完成了这次病毒式营销。

故宫本身就是一个大的文化 IP,但是如何让这个巨大、神秘、高冷的文化 IP 走入公众视野,转变形象,符合年轻化审美和现代传播方式,这就需要创意进行连接动作,将传统文化元素融入日常衣食住行和娱乐性活动,注重实用性的同时将故宫的元素做出具象化、生动化的表达,衍生出多个小 IP 而不失掉其本身的传统文化内涵。因此,创意对于产品来说至关重要,创意是互联网时代推出产品的源泉和力量,故宫文化创意在社交媒体的成功和其幕后创意不可分割。

第三节　社交媒体的策划

一、账号定位

账号定位就是给你的账号确定一个领域，在做账号定位之前先要对自己进行定位，从自己感兴趣并且擅长的领域入手更有利于后期工作的开展。账号定位除了确定领域外，还分为很多方面，比如账号特色、账号内容发布方向、账号平台的选择等。

二、用户分析

社交媒体时代，受众不仅仅被动接收信息，而且会根据自己的需求和喜好主动获取信息。所以，用户分析是至关重要的一步，明确的用户定位利于内容的持续稳定输出以及后期变现。在做用户分析时，要提前对用户进行调研，熟悉分众化领域内用户的喜好和特点，对用户进行画像，明确用户场景。

三、内容定位

内容风格保持一致，保障内容的专业性。把握用户心理，了解用户喜好，满足用户需求，从用户角度设计内容。以营销为目的，高频输出内容，持续产出优质、原创内容，以确保高转化的需要。最后，根据自身能力与经验，灵活选择内容类型。

四、平台选择

平台是内容的载体，不同的内容在不同的平台上有不同的传播效果。进行平台的选择时，要了解平台的特性和运行机制，根据内容定位来选择平台，比如文字类的内容，就不适合在抖音、快手等碎片化的短视频平台发布，反而在微信公众号、今日头条百家号更受欢迎。总之，要根据自己的喜好和能力综合选择平台。

五、竞品分析

进行创意策划之前要做好竞品分析，其目的是更加了解用户，同时也能更好地了解竞争对手和市场需求，提升用户体验。

六、变现途径

社交媒体账号能够变现不仅是账号价值的体现,也是运营成功的必然结果。因此,在策划时要将后期变现途径考虑在内,准备在哪个平台变现,通过什么方式以及变现策略的可持续性,都需要多方位考量。

七、备选方案

在进行创意策划时,要进行全面考虑,准备多种方案,以应对市场变化。

案例:“日日书”社交媒体创意策划

书法,本是文人必备的修养;写字,原是每日最常见的行为。但在快节奏的互联网时代,安安静静写个字,反而成了奢侈。很多人离开校园以后,很少书写,因此提笔忘字成为现代人的一个通病。

不过也有不少人在坚持练字,孙俪在微博打卡临写第七遍《千字文》,她练过小楷、隶书、篆书,而且带着女儿一起学习。因为身份特殊,其微博点赞超过十万,网友纷纷在评论打卡自己的书法作品,激发了大众的文化情愫,有效地传播了优秀传统文化。

西汉文学家扬雄说:“言者,心声也。书者,心画也。”清代刘熙载也说:“笔墨性情,皆以其人之性情为本。”又说:“书,如也,如其学,如其人,如其志,总之曰如其人而已。”

练字是个修心的过程,书法能使人变“静”,欣赏研习名家书法培养人的专心、细心、耐心和毅力等优秀品质,这是其他学科无法替代的。常言道:宁静致远,静能生智。

“日日书”就是一个帮助大家互相学习和欣赏书法作品的自媒体平台,既可以帮助用户输出内容,也可以帮助其培养坚持练习的习惯。

1. 账号定位

(1)个人定位——我是谁?

在读硕士,书法爱好者,坚持每日练字,没有接受过专业系统的学习,所以不拘泥于某种特定的字体,喜欢尝试不同风格。经常和一群志趣相投的朋友交流切磋,互相学习,博采众长,有较丰富的“野生”书法心得和入门经验。此外,本人有着较丰富的新媒体实践经验,熟悉文字排版的工作流程以及运营方式。

Logo设计:采用立体的几何图形元素,像家里的独立书桌,又像书本的结构,在这个小空间里,大家可以静下心来练习书法。整体Logo线面结合,很好地彰显了空间和安静的元素,又不失特别。那个正在安静地望向空间外的少年,可以是我们任何一个人,每日沉浸在书法中的片刻时光,就是我们的诗和远方,日复一日地坚持,我相信,时间看得见。

2. 用户分析

(1)目标用户是谁

书法初学者(没有资金预算/资金预算少/没有特定的字体需求)、书法爱好者(身边已经工作的朋友日常练习)、人文艺术博主、短期内想提高书写水平的学生(每天动笔时长长,更容易形成肌肉记忆,有效巩固)。

(2)我的内容能为用户提供什么价值

初学者和短期内想提升的用户:尽可能打破其对练字的刻板印象,培养正确的练字习惯,这是练字的重要基础,掌握基础之后进而学习每个字的结构布局;书法爱好者和人文艺术博主:收集日常的练习文素,互相学习字体风格,成立约字群交流经验,有兴趣写字库也可以帮忙推荐。

总之,书法的世界是包容的,五个书法大类又细分了很多小的门类,方正字库也一直推出字体大赛,呈现出很多具有独创性的艺术字体。所以在这里,用户可以学习传统字体,也可以学习或者创造不同风格的字体。

3. 内容定位

(1)内容构成

"找组织"——日日书简介、约字;

"谈写字"——练字经验、每日一练、名家作品;

"往期回顾"——每期文素的推送合集;

"加入我们"——欢迎更多的常驻写手;

"练字视频"——分享一些日常练字的视频。

写字,写的是功夫;功夫,是用时间磨出来的,万万急不得。希望用户都可以"沉下心来",像缓慢地"磨墨"一样,慢慢书写,将写字从一时热情变成一生热爱。

(2)发布频率和内容设置

"每日一练"——每日推送。文素自由选择,大多是近期读物的书摘内容,后期关注用户多了以后,也可以根据用户的推荐,进行选择性推送。

“文素合集”——一周一次,固定在周末。常驻小分队建立以后,会每周一在群里发布文素内容,用户根据喜好自由选择内容进行书写,周五在群内投稿,集中整理排版于周日发推送。

“练字视频”——每周四次(一、三、五、日),集中发布在抖音。开始以日常练习的片段为主,后期根据需要进行单字视频教学等。

4. 平台选择

该项目准备在两个平台上线,分别是小红书和抖音。

(1)小红书

①小红书的优势

第一,用户群体年轻化、基数大。小红书平台用户以90后、00后等年轻人为主,平台用户接近1亿,月度活跃用户接近3000万,受众广大。

第二,社交功能强大。小红书平台互动性很强,以发布视频、图片等内容或通过评论、关注发布者等方式与他人进行交流,各用户之间的黏性很强,关联度很高。

②运营策略

封面——以书法字体或者文素内容特写为主,可文字添加字体名称或看点关键词,将字体或者文素内容的特点最大化地呈现出来,直截了当地冲击人们的感官,吸引用户的阅读兴趣。

标题——小红书创作者的投放笔记标题控制在20字以内,这样能在首页完整地呈现出来,注意提炼出关键词,凸显笔记的核心看点。

正文——图片+文字讲解,拼图介绍字体近景、中景、全景,以及关键结构图文详解、成品高清大图、练习注意事项,排版上可利用表情图标,注意空行留白。

(2)抖音

①优势

第一,抖音是短视频营销主流阵地之一。2016年9月,抖音首期产品正式上线,推出半年后,用户量就达到1亿,到2017年4月,半年内用户量增长超过10倍,到2019年7月,抖音DAU已达3.2亿。抖音被越来越多的人使用,面向人群很广,在短视频平台里深受欢迎,关注度高。

第二,抖音活跃用户数量比较高。其用户在内容消费时长、使用频次上也远超其他社交平台，这些都是促使广告主、商业主、媒体主选择抖音推广的重要原因。

第三，抖音推广在内容覆盖、营销场景等方面优势比较明显。抖音已经有丰富多元的内容品类，吸引了众多权威机构入驻，此外，企业可以通过挑战赛等实现内容共创。

第四，抖音推广互动性强。抖音的线上服务采用文字、图片、语音等进行交流，既亲切又直接，既能用最少的时间帮助用户解决问题，又能拉近与用户之间的距离，思想产生共鸣。同时，也可以利用用户的口碑营销获取更多关注。

②运营策略

确定选题和剧本定位是什么。

拍摄思路与形式画面如何吸引人？

结合定位人群刷抖音的习惯和当时的状态确定发布时间。

标题不宜过长，简明扼要，加入悬念、反问等。

选择最精彩的画面作为封面，吸引用户眼球。

积极回复评论、私信，培养粉丝的忠诚度。

5.竞品分析

(1)同类型自媒体

“一起练字”注册于2017年，属于上海米范文化传播有限公司旗下品牌，一直致力于帮助更多的人练好字。其在微信公众号、微博、抖音、知乎、头条、小红书、B站等在各大新媒体平台都有入驻，创作的内容涵盖手写、练字、书法、文具等领域，根据平台性质采取了图文、短视频、长视频以及直播等形式。旗下的“一起练字学堂”创造性地利用网络优势开设了在线书法练字课程。数年来，“一起练字”带领数十万名粉丝开始了练字之路，帮助数万名练字爱好者练出一手好字。其课程涵盖了软笔和硬笔书法，规范字和古帖书法，中文和英文书法，数十门课程实现了体系化练字教学。

“豆在练字”由知名人文艺术博主运营，主要运营平台是微博和超话，会发布一些手写视频和文素。目前也开设了行楷的教学课程，以录播视频+日常微信群批改答疑为主。

(2)“日日书”的优势

集众家之所长——将一些很有借鉴意义的经验帖进行整合，将符合目标受众的文字重新编辑排版,尽可能提供全面的信息。

定期进行直播练字——在一定程度上可以培养目标用户的练字习惯,从而增加用户黏性。

人人都可以是自己所擅长字体的小老师——在我们的社群,只有日常维护群纪律的人员,没有上下级,用户可以自由探讨,互相分享学习。

6. 变现途径

积累一定数量的忠实粉丝后,可在抖音、小红书等媒体平台与商家进行合作,后续推出周边产品,如书帖、毛笔等。

本章小结

关于社交媒体(Social Media)目前并无统一的定义。百度百科对其的定义为:社交媒体指互联网上基于用户关系的生产和交换平台,是人们用来创作、分享、交流意见、观点及经验的虚拟社区和网络平台。西方学术界对于"社交媒体"(Social Media)的理解和使用比较宽泛,通常认为它是"建立在 Web2.0 的理念和技术基础上的互联网应用,用户可以基于这类互联网媒体进行内容生产和交流"。

社交媒体具有传受双方相互转化、地位平等、互动频繁、以情绪为主导的特点。

在进行社交媒体创意策划时,要注重用户思维,满足用户分众化需求;依靠情绪传播,引发心理共鸣;了解平台特性,深耕垂直领域,在以上要点指导下进行账号定位、用户分析、内容定位、平台选择、竞品分析、明确变现途径并准备备选方案,以应对市场变化。

思考题

1. 请思考社交媒体的特性。
2. 请结合所学做一个社交媒体账号策划案。

参考阅读

1. 斯丹迪奇. 社交媒体简史:从莎草纸到互联网[M]. 林华,译. 北京:中信出版社,2019.
2. 克里斯塔基斯,富勒. 大连接[M]. 简学,译. 北京:中国人民大学出版社,2013.

图书在版编目(CIP)数据

媒体创意与策划 / 陈勤著. -- 4 版. -- 北京：中国传媒大学出版社，2022.4（2026.1 重印）
新闻传播专业“十四五”规划教材
ISBN 978-7-5657-3174-7

Ⅰ. ①媒… Ⅱ. ①陈… Ⅲ. ①传播媒介—高等学校—教材 Ⅳ. ①G206.2

中国版本图书馆 CIP 数据核字(2022)第 041422 号

媒体创意与策划(第四版)
MEITI CHUANGYI YU CEHUA(DI-SI BAN)

著　　者	陈　勤
策划编辑	赵　欣
责任编辑	高卓毓
责任印制	李志鹏
封面设计	拓美设计

出版发行	中国传媒大学出版社		
社　　址	北京市朝阳区定福庄东街 1 号	**邮　　编**	100024
电　　话	86-10-65450528　65450532	**传　　真**	65779405
网　　址	http://cucp.cuc.edu.cn		
经　　销	全国新华书店		

印　　刷	三河市东方印刷有限公司
开　　本	787mm×1092mm　1/16
印　　张	14
字　　数	249 千字
版　　次	2022 年 4 月第 4 版
印　　次	2026 年 1 月第 5 次印刷

书　　号	ISBN 978-7-5657-3174-7	**定　　价**	48.00 元

本社法律顾问：北京嘉润律师事务所　郭建平